顔で話せ！相づちで話せ！質問で話せ！

こじらせない対人関係術

フリーアナウンサー
庄司麻由里
SHOJI, Mayuri

時事通信社

はじめに

「言ってる意味、分かる?」

プレッシャーを感じた上司の言葉は何ですか?——。新入社員へのアンケートでダントツだったのがこの一言だそうです。

若者の間では「意味、分かんない」とか「イミフ(意味不明)」という言葉はその発言だけでなく、存在そのものを否定するような、相手を侮辱する言葉として使われます。ですから、上司から「言ってる意味、分かる?」と言われることは、ものすごい屈辱なのでしょう。

この言葉がこんなに嫌われているということは、実は、日本中の職場で蔓延しているのかもしれません。

「言ってる意味、分かる?」

上司はなぜそう言うのでしょうか？

最近、若い世代向けに講演してすごく気になることがあります。

「表情消滅」

私は内心、それをそう呼んでいます。

何か質問をします。誰かに答えてもらおうと、一人一人顔を見ていくと……。

一様にすっと無表情になるのです。

顔をのぞき込んでも、身じろぎもしません。目をそらすこともしない。答えることもしない。これはかなり不気味です。

「言ってる意味、分かる？」

上司は言いたくなりますよね。

上司の側にも問題はないでしょうか。

企業のトップ相手に講演をしていると、会場内に大変不機嫌そうな男性がいらっしゃいます。眉間にしわ。顔をしかめて、口はへの字。じっとにらみつけています。「なんだこの女！　くだらないことをペラペラしゃべりやがって」と思っていらっしゃるように見えます。すごい不機嫌オーラ。

ところが講演が終わると、「とても興味深い話だった」「参考になった」と好意的に話しかけてくださいます。

いい方だと分かってみれば、あのオーラがとても残念に思えます。

表情消滅の若手。
不機嫌オーラの上司。
これではコミュニケーションなんて絶対できるわけありません。

就職活動がうまくいかない、婚活がうまくいかない、営業成績が上がらない、上司から長々と怒られる、お客さまからクレームがつく、人間関係に悩んでいる、最近家に居場所がなくて帰りたくない……。

「一生懸命やっているのに何かうまくいかない」と、嘆いているあなた――、知らず知らずのうちに、あなたの「顔」が誤解を生んでいるのです。

「自分はコミュ障だから」と、自嘲的に口にするあなた――、引っ込み思案の性格はそう簡単には変えられないかもしれないけれど、「顔」なら、少し気をつければ変えられます。

私は、TBS「朝のホットライン」やテレビ東京「タウン情報」、TBS「はなまるマーケット」などの生活情報番組のリポーターを30年以上続けてきました。

生活情報番組のリポーターという仕事のひとつの特徴は、「毎日、初めて会う人と仕事をする」ということです。会ったばかりの人と、良好なコミュニケーションを取り、話を聞き出すのが仕事です。

最近は、講演や研修の講師の仕事も大変増えました。これも、これまで一度もお会いしたことのない方々を相手に、コミュニケーションを取る仕事です。

何万人という人にお会いしてきた私は、常々思うことがあります。

世の中には、「顔」で損をしている人がとても多いということです。

これまで何万人とお会いしてきた私が、この本でお伝えするのは「ちょっとしたこと」ばかりです。でも、このちょっとしたことが、あなたをとりまく世界を一変させます。

さあ！　まずは「顔」を変える。そして「話し方」も変えていきましょう！

第5章 プレゼンモードで話せ──仕事のできる人の話し方

カバー・本文デザイン　株式会社イオック
オビ・扉イラスト　深川直美（asterisk-agency）

第1章

顔で話せ

自分の普段の表情を知り、意識的に変える

自分の〝本当の顔〟を知っていますか？

皆さんは、

「自分はどうも、人から誤解されやすいたちだ」

と思ったことはありませんか？

「なんだか怖くてとっつきにくい、と言われてしまう」

「軽いやつだと思われる、どうしてだろう？」

「なぜか暗いと思われている、そんなことないのに」

実は多くの人は、自分が認識している自分のイメージと、相手が認識しているその人のイメージに大きく開きがあるのです。

テレビ番組では、一般のさまざまな方にテレビに出ていただくことがあります。

例えば、企業を訪問してその会社の様子を取材したり、農家の婦人会の皆さんに地元の料理の作り方を教えてもらったり、などなど……。

密着ドキュメントとまではいかずとも、その方々の普段の様子を少し長めにテレビカメラに映し放映すると、大概の人が自分の姿に驚きます。


「自分があんなに暗い表情をしていてびっくりした」

「私があんなぼそぼそした話し方をしていたなんて驚いた」

「姿勢が悪くて、かっこが悪かった」

などとおっしゃいます。


これは何も、慣れないテレビ番組に出て、緊張して表情が固まったとか、いつもと違う話し方をしたとか、そのときだけ猫背になったとか、ということではないのです。

それこそがその人の〝本当の姿〟なのに、気がついていなかったということです。

例えば、この本を読んでいらっしゃる皆さんも、初めて自分の声を録音したものを聞いたときに、どのように感じましたか？

「えっ？　自分はこんな声ではない」

と違和感を覚えたのではないですか？

それは何もレコーダーの性能が悪いわけではありません。

それが証拠に、自分の声は違って聞こえるのに、一緒に録音されていた他人の声はいつもと同じように聞こえたはずです。

どうして録音された自分の声に違和感を覚えるのかというと、自分自身は常に体の中で響いている自分の声を聞いていますが、レコーダーに録音されたのは、あなたの声が空気を伝わったものだからです。

そして他人は、そちらの、空気を伝わったあなたの声を聞いています。つまり、声ひとつとっても、あなたの〝本当の声〟は、自分で認識している声とは違うものです。

ですから皆さんも、まずは自分の**〝本当の顔〟**を知ることから始めましょう。

「何を今さら、自分だって、鏡ぐらい見てるよ」

とおっしゃるかもしれません。

しかし、「あなたが鏡で見る自分の顔」と「他人が見ているあなたの顔」は、まったく違っているのです。

人は鏡を見るときは誰でも必ず、意識して自分の顔を見ます。

特に出かけようとして、「身支度はこれでいいかな？」と鏡を見るときは、誰でも自然と口をきゅっと結び、目をちゃんと見開いて、いい顔をつくっています。

これは特に、女性の方が男性より顕著で、鏡を見るときニコッと笑って見る人も多いでしょう。

「あなたが鏡で見る自分の顔」は、
「意識した顔」「力の入った顔」です。

ところが、鏡を離れたとたん**「無意識の顔」**になります。

つまり**「力の入っていない顔」**になっているのです。

さらに、鏡で見ている自分の顔は「目線が合っている正面から見た顔」です。しかし、他人が見ているあなたの顔は、目線が合っていないことも多く、また正面とは限りません。

要するに他人は、あなたの無意識の力の入っていない顔を、横から斜めから見ているのです。

同窓会やパーティーなどでパチパチ撮られた写真を見たとき、カメラ目線で写っている顔は、「お、なかなかよく撮れているじゃないか」と思うのに、撮られていることに気がつかず、人のスピーチをぼんやり聞いていたりするときの様子を横から撮られた写真を見て、

「うわ～この写真はカメラ写りが悪い、ボツ写真だ！」

なんて思ったことあるでしょう。

しかし、他人は圧倒的にそのような「ボツ顔」の方を見ているのです。

そして、その**「無意識の顔」「力の入っていない顔」**こそが、あなたの第一印象をつくっています。

あなたの顔の第一印象はどのようなものなのでしょうか？

あなたがボーッとしているときの顔は、他人からどのような顔に見えるのでしょう？

なんだか怖くてとっつきにくい〝怒り顔〟

「なんだか怖い」
「とっつきにくい」
「冷たそう」
「えらそう」
「近寄りがたい」

あなたのことを、他人がこんなふうに噂しているのを聞いたことがある人は、
〝怒り顔〟タイプです。

実は私は、典型的な〝怒り顔〟です。

仕事を始めてばかりの駆け出しの頃、「なんだか生意気だ」と噂されているのを感じました。

自分ではなぜそんなふうに言われるのか分からず、こちらとしては丁寧に接しているつもりなのに、年上のディレクターから「感じが悪い」と叱られたりして、「どうして私はスタッフの人と上手にコミュニケーションを取ることができないのだろう？　私はそんなに性格が悪いのかしら？」と悩んだこともありました。

ところが、そのようなスタッフとも何度か仕事をしていく中で、ロケ車で雑談や世間話などをするようになると、「庄司って話すと面白いやつだな。明るくてあけっぴろげな性格で、第一印象と全然違うじゃないか」と言われたりして、「ほら、あなたが誤解していただけでしょ」と、留飲を下げておりました。

そんなとき、自分がお医者さまにインタビューをしているところをツーショットで捉えた映像を見て驚いたのです。

内容は生活習慣病の説明だったので、私としては相手の話を真剣に聞いているだけなのですが、その顔が恐ろしいのなんのって!!

相手の話を一言も聞き漏らすことのないように、じっと目を見て話を聞いている様子は、まるでにらみつけているようですし、きりっと結ばれた口元はへの字で、それはそれは怖い顔をしていたのです。

しかも私が質問しているときの顔は、真剣なゆえにまるで詰問しているようなのです。

これでは、相手のお医者さまもさぞや話しにくかっただろうと反省しました。

私は、知らず知らずのうちに、まわりに「怖い」というイメージを与えていることに、気がついていなかったのです。

今でも、何も考えずにボーッとしていると、スタッフから恐る恐る、

「庄司さん、何か怒っていますか?」

と聞かれることがよくあります。

つまり、私の「無意識の顔」「力の入っていない顔」「ボーッとしている顔」は、怒っているように見えるのです。

私と同じような経験をされている方、多いのではないでしょうか？

上司からは生意気だと言われ、自分では親切に接しているつもりの後輩から「あの人は怖い」と、なぜか恐れられ、取引先からは感じが悪いと思われて、損をしている人……、結構いらっしゃると思います。

このような〝怒り顔〟タイプは、例えば、女優の米倉涼子さん、りょうさん、小雪さん、男優の古田新太さん、遠藤憲一さん、國村隼さん、などが思い浮かびます。

顔の特徴でいうと、目は一重、細い、つり目、といった特徴があります。

軽いやつだと思われる〝笑い顔〟

「にこやか」

「人当たりがよさそう」

「感じがいい」

「話しかけやすい」

「おだやか」

「癒やし系」


あなたのことを、他人がこんなふうに噂しているのを聞いたことがある人は、

〝笑い顔〟タイプです。

他のタイプの顔の人に比べ、第一印象はいい場合が多いです。

ところが、特に男性の場合は、時に、

「いつもへらへらしている」

「にやにやしている」

「軽薄そう」

「不真面目そう」

「キザなやつ」

という印象を与えてしまう場合があります。


また、いつも笑っているように見えるので、「この人に頼めばやってくれるだろう」と、人よりも多く仕事を回されたり、無理難題を押しつけられたりすることもあります。

「なんだか自分は甘く見られて損だ」と感じている人もいるでしょう。


〝笑い顔〟ということで私の頭に真っ先に浮かぶのは、デビュー当時「微笑の貴公子」というキャッチフレーズまで生まれた俳優の堺雅人さんです。

堺さんは『はなまるマーケット』というテレビ番組のトークコーナーで、「自分は若いときから、普通にしているのに、監督から『なに、ヘラヘラしているんだ!』と、よく怒られました」と話していらっしゃいました。

さらにそのことを、先輩俳優の小日向文世さんに相談したら、小日向さんも「オレもそうなんだよ～、普通にしているとヘラヘラしているって怒られるんだよ～」と嘆いていらしたとのことでした。

一般の人を見ていて、私が特に「あぁ、この人は〝笑い顔〟で損しているな……」と思うのは、謝罪会見です。

企業の不祥事などで謝罪会見が開かれることがありますが、そんなとき当事者が〝笑い顔〟だと、本人は真剣に謝っているつもりでも、なんだか笑っているように見えて不真面目な印象を与えてしまう場合があります。

例えば以前、死亡者が出る食中毒事件が起きたことがありました。会見で、保健所の担当者が食中毒の原因のＯ１５７について説明していたのですが、その方が典型的な〝笑い顔〟でした。

その人にしてみれば、ただ淡々と説明していただけなのでしょうが、なぜかニヤニヤとした印象を残し、その人が食中毒事件を起こした責任者でもないのに、「幼い子どもが被害にあったのに不謹慎だ」という批判がネット上にあふれたと聞きました。

このような〝笑い顔〟タイプは、先ほどご紹介した堺雅人さん、小日向文世さんのほかに、山本耕史さん、嵐の相葉雅紀さん、女優の本田翼さん、上戸彩さん、多部未華子さん、タレントのスザンヌさんなどが思い浮かびます。

顔の特徴でいうと、目の形が三日月型だったり、目尻に優しいしわがあったり、口元が緩いというような特徴があります。

なぜか暗いと思われている〝泣き顔〟

「頼りない」
「弱弱しい」
「覇気がない」
「暗い」
「不幸せそう」

「陰湿」

あなたのことを、他人がこんなふうに噂しているのを聞いたことがある人は、

〝泣き顔〟タイプです。

意外に思われるかもしれませんが、〝泣き顔〟というのは、アイドルに多いです。私の世代だと、デビューしたばかりの頃の松田聖子さんとか、工藤静香さん、ウインクの相田翔子さんなどが思い浮かびますし、元ＡＫＢ48の前田敦子さんなども、〝泣き顔〟でしょう。

この、何となく困っているような表情が、ファンの「守ってあげたい、オレが何とかしてやりたい」というような気持ちをくすぐるので、「アイドルは〝泣き顔〟の方が売れる」と言われています。

しかしアイドルならともかく、あなたが〝泣き顔〟だったらどうでしょう？

例えば営業職ならば、知らず知らずのうちに、取引先に「なんだか頼りない」という印

象を与えてしまっていて、損をしていませんか？
ママ友から「あの人は暗くて話しづらい」と敬遠されていませんか？
また上司から「あいつは覇気がない、やる気が感じられない」という評価をされて、忸《じく》怩《じ》たる思いを抱えていらっしゃる人もいるでしょう。

このような〝泣き顔〟タイプは、先ほどあげた、松田聖子さん、工藤静香さん、相田翔子さん、前田敦子さんなどのほかに、男優の吉岡秀隆さん、温水洋一さん、小倉一郎さん、伊藤淳史さん、女優の木村多江さん……。

顔の特徴でいうと、目が垂れ気味だったり口角が下がっていたり、線が細いタイプだったりします。

自分の顔を確かめてみよう

「なんだか自分は誤解されて、損をしている」と思ったら、自分の顔がどのタイプに見えるのか、確かめることをお勧めします。

簡単な方法があります。自分の姿を動画で撮ってみるのです。

最近はどこの家庭でも小型ビデオカメラを持っていて、動画を撮る機会も多いですよね。ですがそのほとんどは、子どもの運動会だったり、発表会だったり、あるいはパーティーの様子だったりと、どちらかというと非日常の場面が多いのではないでしょうか。

そうではなく、自分の日常の姿を動画で撮ってみてください。

スマートフォンで結構です。

本当は、

① カメラ目線で、自己紹介をする様子を撮る

② カメラ目線ではなく、人の話を聞いている様子を客観的に撮る

この2種類を撮ることをお勧めしたいのですが、「カメラ目線で自己紹介をする」というのは、どうも慣れていない人は気恥ずかしいようで、ハードルが高いようなのと、ここではまず自分の印象を知ることが先決なので、②の「カメラ目線ではなく、人の話を聞いている様子を客観的に撮る」ことから始めてみてください。

私は、企業から「コミュニケーション術」や「話し方」について研修を依頼されたときに、受講者を5〜6人のグループに分けて、プレゼン合戦をすることがあります。

課題を出して、それぞれのグループで15分ほど相談する時間を設けて、内容を詰めて発表するのですが、そのとき、ルールとして「主に話す代表者」だけでなく、グループ全員に前に出てきてもらいます。

つまり、ほとんどのグループが、話すのは代表の1人か2人で、他の人はその様子を隣に立って見守るという形になります。

その様子を一人一人、別のグループにスマホで撮影してもらいます。その動画を後で本人たちに見せると、皆さん一様に驚き、愕然とし、ショックを受けます。


「そわそわと落ち着きがなく、ヘラヘラして見えた」

「おどおどと目線が泳いでいて、なんだか怪しく見えた」

「いかにも頼りなさそうに見えた」

「自分では、発表者を横から見守っているつもりだったのに、まるで他人事のように冷たい顔だった」

「知らず知らずうつむいていて、とても暗かった」

中には、

「体が揺れていてびっくりした」なんて人までいます。


あらかじめ、「グループ全体でプレゼンをしている意識をもって、そこに立っていてください」とお願いしたにもかかわらず、自分の「無意識の顔」「力の入っていない顔」で立っている様子に気がつき、またその自分の印象の意外性に驚くのです。

ですから皆さんも、普段の**〝素の自分〟**の姿をぜひ動画に撮ってみてください。

会議中に人の意見を聞いている自分の姿
黙々とパソコンを打っている自分の姿

これらを、机の上に置いたスマホやパソコンで自撮りすることはできないでしょうか？

皆さんが家でボーッとしている様子を家族に動画に撮ってもらうことはできませんか？

きっと自分の〝本当の姿〟に驚くはずです。

②の「カメラ目線ではなく、人の話を聞いている様子を客観的に撮る」ことができたら、次は、①の「カメラ目線で、自己紹介をする様子を撮る」ことをやってみてください。

こちらはカメラ目線ですので、自分の部屋で自撮りすることは物理的にはしやすいのですが、先にも申し上げたように、「どうも気恥ずかしい」という、気持ちの問題でハードルが上がるようです。

しかし、もしあなたが、

就職活動中で面接を受けるなら、

婚活中でお見合いパーティーに参加するなら、

いやいやそんな特別なことでなくても、

「営業成績を上げたい」とか、

「初対面の人と上手にコミュニケーションを取りたい」

と思うなら、ぜひやってみてください。

相手を具体的に想定して、撮ってみてください。

入社面接で自己紹介するのと、仕事で取引相手に自己紹介するのと、はたまた婚活パーティーで自己紹介するのとでは、内容もトーンも違ってくるでしょう。

しかしながら、きっとあなたの表情や話し方の癖は、共通するものがあるはずです。

客観的に見て、どうですか？

「感じのいい表情で話しているか？」

「視線が泳いでいないか？」

「ぼそぼそ話していないか」

「早口でないか」

「ハキハキと話しているか」

などなど……、チェックする項目はいろいろあります。

「話し方」や「声の大きさ」などについては、後で詳しく記しますが、まずはあなたの表情に注目してみましょう。

「顔トレ」にチャレンジ！

さぁ、自分の顔がどう見えるのか知ったなら、対処していきましょう（顔のトレーニングです）。

「そうは言っても自分の顔は、そう簡単には変えられない」と思う人がいるかもしれませんが、そんなことはありません。

印象は変えることができます。

気をつけるポイントは、**目元、口元、口角、**そして**あごの角度**です。

〝怒り顔〟を変える

私の「無意識の顔」「力の入っていない顔」は、目が細く、そのくせ目力は強く、口元は水平です。

これで、あごが上がると、それだけで「上から目線」の出来上がり……。

典型的な〝怒り顔〟ですね。

ですから私は、初対面の人と名刺交換するときには、目は力を抜いて大きく見開き、口元は緩めて半開きにして、口角をできるだけ引き上げ、あごを引いて上目使いにします。

人の2倍くらいの笑顔をつくるぐらいの気持ちで、やっと普通の人の笑顔に見える、ということを肝に銘じています。

また、講演などで人に話す場合は、話している間中、口角を上げ気味にし、「少し笑いながら話す」ことを心掛けています。

〝怒り顔〟の人の場合、内容が真面目なときほど、真剣なときほど、この「少し笑いながら話す」ということが大切になってきます。

というのも、〝怒り顔〟の人は放っておいても真面目な顔つきなのです。真剣な表情なのです。

その人が全力で真面目な表情で話をすると、ただでさえ怖い顔なのに目がつり上がり、眼光は鋭さを増し、口調は激しく感じられ、威圧的な雰囲気が際立ってしまい、聞いている人は圧を感じうんざりしてしまうのです。

私は仕事柄、パーティーの司会をすることも多いのですが、〝怒り顔〟の来賓の方が挨拶すると、往々にして「お祝いスピーチ」が「演説」になってしまうのを目撃してきました。

これは、大勢の人の前で話す講演やスピーチだけではなく、一対一や少人数での会話においても言えることです。

〝怒り顔〟の人は、同じ内容を話しても他のタイプに比べ、「相手に圧をかける物言い」になってしまう傾向があります。

ですから、人と話すときには、「少し顔の力を緩める」「少し笑いながら話す」ということを心掛けてみてください。

"怒り顔"の人が気をつけるポイント

＊目の力を抜く
＊目を大きく見開く
＊口元を緩める
＊「ふにゃっ」とした表情をつくる
＊あごを引く
＊少し笑いながら話す

〝笑い顔〟を変える

〝笑い顔〟の人は、どうすればいいでしょう?

先ほど、俳優の堺雅人さんが、監督に怒られることを先輩俳優の小日向文世さんに相談したら、「オレもそうなんだよ〜、若いときは普通にしていると、ヘラヘラしているって怒られたんだよ〜」と言われた、というエピソードをご紹介しました。

実はこの話には続きがあります。

堺さんは、小日向さんから、「あまりに監督に怒られるものだから、自分はどうすれば〝怖い顔〟に見えるのか、毎夜、鏡の前で練習したんだ」という話を聞き、それならば自分もと、鏡の前で怖い顔をつくる研究をして、『半沢直樹』のポスター撮りに臨んだ、とのことでした。

確かにTBSのドラマ『半沢直樹』のポスターを見ると、堺さんのにらみつけた表情が印象的です。

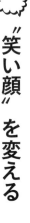

ご存じの通り、それまでは優しい役柄や、少し気弱な役柄の多かった堺さんは、この『半沢直樹』主演をきっかけに、さらに役の幅を広げ大ブレークを果たし、2016年のNHK大河ドラマ『真田丸』では主役の真田幸村を演じました。

ちなみにそのときに豊臣秀吉を演じたのは、堺さんにアドバイスをした小日向さんでした。

あのようなスター俳優、ベテラン俳優でさえ、自分の顔のイメージを変えるために研究したり練習したりしているのです。

先ほども記しましたが、本来〝笑い顔〟タイプの第一印象はとてもいい場合が多いです。しかしながら、あなたがもし〝笑い顔〟のために、上司から「ヘラヘラして不真面目だ」と思われていると感じたり、取引先から「甘く見られている」と感じたら、会議中や商談中は、「顔に力を入れること」をお勧めします。

〝笑い顔〟のタイプの人は、顔が緩んで見えがちなのです。

知らず知らずにほんわかした、人を癒やす雰囲気を醸し出してしまうのです。

それがプラスに働く場面ばかりならいいのですが、「ここではその雰囲気は封印した方がいい」というシーンであれば、まずは目に力を入れ、口元はきりっと結んでください。

“笑い顔”の人が気をつけるポイント

＊目に力を入れる
＊口元はきりっと結ぶ
＊まっすぐ前を向く
＊真剣な表情で話す

〝泣き顔〟を変える

先ほど、「ちょっと困ったような表情が、特に男性ファンの『オレが守ってやりたい、

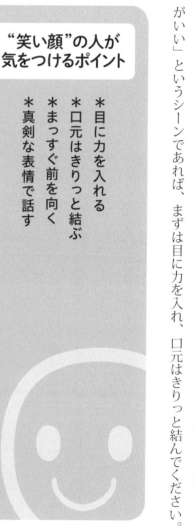

なんとかしてやりたい』という心理をくすぐるので、アイドルは〝泣き顔〟の方が売れる」と、記しました。

この「売れる〝泣き顔〟女性アイドル」の特徴は、ウルウルした目元、あごが下がり気味で下から見上げるような上目遣い、半開きの口元、どことなく心細そうな表情、などがあげられます。

ですから、婚活中の女性が意中の男性の前で、このような〝泣き顔〟を演出するのは、一定の効果が見込めるかもしれません。

このほかに〝泣き顔〟の人の特徴は、目に力がない、伏し目がちである、視線が泳ぐ、涙目である、口角が下がっている、あごが下がっている、などがあげられます。

アイドルならともかく、また婚活中の女性ならともかく、ビジネスの場でこのような〝うじうじ〟オーラを発する人は、まさに〝困った存在〟になりがちです。

もし、あなたが「何だか頼りない」「覇気がない」という評価を受けているなと感じたら、ことさら自信に満ちた表情をつくることを心掛けてください。

目に力を入れて、まっすぐ前を見据えて、特に人と話すときには目をそらさないよう心掛けます。

口元はきりっと結びつつ、口角は30度上げて、あごを少し上げます。

たったこれだけで、〝泣き顔〟の印象はガラリと変わります。

“泣き顔”の人が気をつけるポイント

＊目に力を入れる
＊相手の目をまっすぐに見る
＊口角を30度上げる
＊あごを少し上げる
＊自信のある表情で話す

〝不機嫌オーラ〟で損をしている人

「はじめに」で触れた〝不機嫌オーラ〟の年配男性のことをもう少し詳しく書きます。

私がまだ講演の仕事に慣れていなかった頃、ある地方都市で、地元の企業のトップの方々に講演することになりました。

話し始めて間もなく、会場のど真ん中に、大変不機嫌そうな男性がいらっしゃることに気がつきました。

年の頃は50代後半ぐらいでしょうか？

「気にしないように、気にしないように……」と、心の中で自分に言い聞かせますが、何たってど真ん中にいるので、どうしても視界の中に入ってきます。

私は「きっと、私の話が面白くないんだな……」と、めげそうになり、変な汗が流れ、90分が途方もなく長く感じられました。

どうにかこうにか最後まで話し通し、講演を終わらせて演台を降りた私に、なんと、あの不機嫌オーラを発していた方がまっすぐ近づいてくるではありませんか！

そして　こうおっしゃったのです。

「庄司さん、今日の講演とっても面白かったです。90分があっという間でした。ためになる話をたくさん聞くことができて、とてもよかったです！」

「え〜〜〜〜っ！！！！！！」

私は心底驚きました。そして心の中で、「だったら、もう少し面白そうな顔して聞いてくださいよ、あなたのおかげでどれだけ話しにくかったことか！」と叫んだのです。

しかしその後、講演を重ねるうちに、このような人が大変多いことに気がつきました。

どこの会場でも、必ず一定数の人はとても〝不機嫌な顔〟で話を聞いていらっしゃいます。

ところが不思議なことに、講演後、そのような人に限って、

「とても興味深い話だった」

「参考になった」

と、好意的に話しかけてくださる人が多いのです。

まさか自分が**〝不機嫌オーラ〟**を発していたとは、まったく気がついていないのです。


アナウンサーの仕事の一つに、「街録（がいろく）」と呼ばれるものがあります。街で一般の人に、インタビューをする仕事です。

よくニュース番組で「街の声を聞きました」などと、世論を紹介しているのを、皆さんもご覧になることがあるでしょう。

今まで私も、何千回となく「街録」をしてきました。

銀座の交差点などで、マイクを片手に向こうから歩いてくる人を観察し、その取材内容に合った性別や年齢であるか、また、主婦であるかサラリーマンであるかなどを推察して、声をかけるのです。

このようにして、歩いている人を誰かれなく観察していると、あることに気がつきます。40代ぐらいから年配になればなるほど、皆さんものすごく不機嫌そうに歩いてくるのです。

その表情は、まるで

「今、私はとても機嫌が悪いので、話しかけてこないで！」

というふうに見えます。

ところが、「すみません、○○という番組ですが、少しお話聞かせていただけませんか？」と話しかけると、大半の皆さんは立ち止まり、「はい、何ですか？」と表情を緩ませたり、ニコッとされたりします。

つまり、皆さん実際に不機嫌だったわけではなく、「不機嫌そう」に見えていただけなんです。

また、少し年上の知人からはこんな話を聞いたことがあります。

小学校に上がったばかりのお孫さんが遊びにいらしたときのこと。何気なく話していたら、お孫さんが、「ばぁば、ご機嫌悪いの？」といぶかしげに聞いてきた、というのです。その知人はもちろん機嫌が悪かったわけではなく、むしろお孫さんが来て、楽しく話しているつもりだったのに驚いた、とショックを受けていました。

私がラジオのパーソナリティーをしていたときには、リスナーの男性ドライバーからこんな相談をいただきました。

「庄司さん、このごろ家に帰ると、結婚して20年になるうちのカミさん、何だかとっても不機嫌そうなんです。でも自分は浮気なんてしていないし、給料もちゃんと入れているし、思い当たることはないんです。

恐る恐る話しかけてみると、会話は普通で、別に怒っているわけではなさそうなんですが、どうしてカミさんはいつもあんなに不機嫌そうなんでしょう？」

なぜ〝不機嫌な顔〟になるのか？

なぜこれらの人たちは、実際には不機嫌なわけでも怒っているわけでもないのに、このように〝不機嫌な顔〟をしているのでしょうか？

先ほどのラジオ番組では、私はこう答えました。

「大丈夫です。あなたの奥さまは不機嫌なのではありません。**下がってきているだけなんです**」と……。


もう、お分かりですね。

顔を形成しているのは表情筋です。筋肉ですから、年齢とともにどんどん下がっていくのは自然の摂理。

つまり年齢とともに、顔の筋肉は下がり、それぞれのパーツも下がってきます。


眉毛が下がると、眉間にしわが寄り、顔をしかめているように見えます。

まぶたが下がると、三白眼《さんぱくがん》になり、にらんでいるように見えます。

頬が下がると、ほうれい線が深く刻まれます。

そして、一番如実に下がるのが口角です。
ですから口元は深いへの字となります。
さらにその延長線上には、「マリオネットライン」と呼ばれるしわがあごまで伸びて、
これで、もうりっぱな「不機嫌な顔」の出来上がりです。
見るからに不機嫌そうな相手に、人は話しかけてくるでしょうか!?

加齢とともに自分の顔が下がってきていて、知らず知らずのうちに、人が話しかけにくい雰囲気を醸し出し、損をしていることに気がついていない日本人のなんと多いことか!?

これを解消するためには、せめて口元だけでも上に向ける必要があります。
子どもの頃にやった福笑いを思い出してください。
口元が「への字」なのを逆に置けばたちまち笑った顔になったではありませんか!

ただ、**口角を10度上げればいいのです。**

この口角を上げることを意識するだけで、今まであまり話しかけてこなかったお客さまが話しかけてきたり、近寄りたがらなかった部下が相談してきたり、さらには夫婦の会話が増えたりするかもしれません。

ところが、です。

私は、40代以上の人が多い講演会場ではこのような話をして、皆さんに向かって、「第一印象をよくするために、口角をこのように10度上げてみてください」と、自分で手本を見せて、皆さんにもやってもらうのですが、驚いたことに、特に男性は、ほとんどの人ができないのです。

皆さんそれぞれ、「いーっ」と、唇を横に引っ張るような形になり、への字だった口元が、やっと一文字になるくらいです。

つまり、どこに力を入れれば口角が上がるのか分からなくなっている人が多いのです。

それだけ顔が固まっていて、表情が乏しくなってしまっているのですね。

そんな皆さんには、お互いの顔を見合わせていただきます。

すると相手の「いーっ」の顔を見て、つい「アハハハハ」と本当に笑ってしまい、結果口角が上がるんですね。

年を重ねたら、けがをしないために柔軟体操が必要なように、時には鏡を見ながら笑顔をつくってみてください。

そして顔のどこに力を入れれば口角が上がるのか、その感触を確かめることをお勧めします。

口角を上げるときに気をつけるポイント

＊鏡を見ながら、口角を10度20度30度と段階的に上げてみる。
＊唇が一直線になってしまう人は、唇の中心に人差し指を置き、口角だけを上げてみる。
＊どこに力を入れればいいのか分からないときは、頬骨を上に動かす意識を持つ。
＊鏡の前で「アハハハハ」と笑ってみる。

〝表情消滅〟で損をしている人

先ほど、「何回も講演を経験するうちに、年齢を重ねると〝不機嫌な顔〟になりやすい、ということに気がついた」と、書きました。

しかし、20歳代～30歳前半のような若い人が多い会場では、まったく違う印象を受けます。

それは、最近の若い人は**〝表情消滅〟〝無表情〟**で損をしている、ということです。

企業や役所などで、20代～30代前半の方々に向けて、研修の意味合いが強い講演をすると、年配の人に比べて若い人は少し緊張したような硬い表情をしている人が多く見られます。

なので、私は前半、同僚の人と2人組になってもらい「会話のゲーム」を行います。

同い年ぐらいの同僚とゲームをすると、皆さん、少し緊張が解けて笑顔も出て、会場全体が和やかなムードになります。

ところがです。

後半、話の途中で、私から皆さんに簡単な質問を投げかけることがあります。

例えば、「専門用語を簡単な言葉に言い換えてみましょう」というような内容で、「○○○○、この言葉を簡単な言葉に置き換えるとどうなりますか？」

などと質問をして、さぁ、誰に答えていただこうかと、一人一人顔を見ていくと……。

とたんに、皆さんの顔色が変わります。

全員が一様に、すっと無表情になるのです。

そして、動かなくなり、無言になります。

私が「さぁ、この言葉、言い換えることができる人、誰かいませんか？」と、顔をのぞき込んでも、身じろぎもしません。

ここで不思議なのは、目をそらすこともしない人が多いということです。私が見つめても、目をそらすわけでもなく、しかし答えることもしない。

「分かりません」とも言わず、

「間違っているかもしれないけど、これかな?」

と、恐る恐る答えてみることもせず、ただ無表情で無言で、じっとこちらを見返す人がとても多いのです。

これは、かなり不気味な光景です。

私は不思議でならないのです。

どうして、自分の状況を表情で表さないのでしょうか?

質問の答えが分からないのなら、困ったような表情をするとか、照れ笑いをするとか、「私を当てないでください」というように目をそらすとか、はたまた「オレ、分かっているから聞いてくれ」と、キラキラした目でアピールするとか……。

表情で自分の気持ちを表す方法はいくらでもあります。

でも、皆さん一様に無表情なのです。

なぜ、最近の若い人は無表情なのか

なぜ、あんなに無表情なのでしょう？

きっと、皆さん極力目立ちたくないのだと思います。

今の若い人は、「空気を読む」ということに、ものすごく敏感です。

ですから、こんなところで、すらすらと答えて目立つのも、答えられなくて目立つのも嫌なのでしょう。

「答えが分かっている」というような〝得意げな顔〟はしたくない。

「答えが分からなくて焦っている」というような内面を悟られたくない。

それで、すっと個性を消して、まわりに溶け込むように、無表情になるのでしょう。

また、最近の若い人は、「傷つくことを、ものすごく恐れる」というような傾向があるように思えます。

傷つくのが怖いから恋愛にも消極的。

できるだけまわりの人と摩擦を避けたい。

空気を読んで、まわりとの摩擦を避け、できるだけ傷つきたくないという気持ちから、あまり内面を見せないように無表情で自分を守るのでしょう。


しかし、ちょっと待ってください。

かえってその無表情な顔が、まわりとの余計な摩擦の原因になり、傷つくことにつながって損をしている、ということに気がついてほしいのです。

その〝無表情な顔〟で損をしている人たち

テレビ局制作のデイリーの番組には、毎年20人近く新人スタッフが入ってきます。

ところが、ここ数年の傾向として、その新人のＡＤさんたちが、どうもリアクションが鈍いというか、表情が薄い人が多いんですね。

第一印象は、「あまり元気がないな」とか、「なんだか覇気がないな」などと思うのですが、でも仕事をしていくうちに、「あ、この人はおとなしい人なんだな」とか、「落ち着いた真面目な人なのかな」と、思い始めたりもします。

しかし残念ながら、この人たちの仕事場への定着率がとっても悪いのです。

1年後、気がついてみたら、残っていた新人スタッフは3～4人というようなことが、ここ数年続いているのです。

そして、その原因はというと、辞めていった人の多くが、「人から、あんなに怒られたり罵倒されたりすることは、今までの人生の中でなかった。プライドが傷ついた」「親にだってあんな怒られ方をしたことがない。心が折れた」と、言うんですね。

つまり、どうやら上司に叱られたことが原因の多くを占めています。

これは何もテレビ業界だけの話ではなく、せっかく入った会社をすぐに辞めてしまった、というような話はよく聞きます。

実際に、厚生労働省が２０１７年に発表した調査によると、新規大卒就職者の3年以内の離職率は32・2％、実に3人に1人が3年以内に会社を辞めています。

そして、その入社3年以内で辞めた新卒社員の51％が、「上司との良好な関係」「上司からの適切な叱られ方」があれば退職を回避できた、と回答しているのです（日本アンガーマネジメント協会調べ、2017年3月）。

つまり、辞めていった人は、「上司の叱り方が悪かったから、自分はとても傷ついて、辞めざるを得なかった」と思っているわけですが、果たして悪いのは、上司の叱り方、怒り方、だけなのでしょうか？

私は、そのような話を聞くたびに、「あぁ、叱られ方、怒られ方がへたくそで、損をしているな～」と残念に思うのです。

そう、**叱られ方にも上手と下手があります。**

そして、その厳しく叱られる原因の一つは、あなたのその〝無表情な顔〟にあるのです。

〝無表情な顔〟の人を相手にして困るのは、相手が何を考えているのか分からない、ということです。

特にまずいのが、「謝罪の気持ちが、怒っている人に伝わらない」ということなんです。

例えば、実際に上司に叱られている若い人を観察すると、「まとめておくように頼んでおいたデータ、どうしてまだできてないんだ？」と、上司に催促されても、「あ、申し訳ありません。（シラッ）今、やります」とか、「えっ⁉ プレゼンの資料を忘れてきた？ 何やってるんだ！」と怒られても、「あ、すみません、すぐに取りに戻ります（シラッ）」と、言葉では謝罪の言葉を口にしていても、あまり表情は変えていない人が多くいます。

本人は、実際には内心「しまった」と思っているのかもしれませんが、それが表情に表れないんですね。

これは何がまずいかというと、怒っている人を余計にヒートアップさせてしまうのです。

人は、自分の言っていることが相手に伝わっているかどうかを、相手のリアクションで判断します。

あまりに相手のリアクションが薄いと、

「本当に、申し訳ないと思っているの？　このデータが遅れると大変なことになることは分かっているのかな？」と、くどくど説明してみたり、

「すみませんじゃないよっ！　ホントに分かってんのか〜〜っっ！！！！」と、怒鳴りつけたりすることになりがちです。

人は、**「自分の言葉が相手に伝わっていないかもしれない」と思うと、焦りを感じるのです。**

上司にしてみたら、この部下は謝罪の言葉を口にしているけれど、表情は慌てた様子もなく、困った様子もなく、ましてや悪びれた様子もない。

「これがいかに重大なことなのか、いかに大変な状況に陥るかが、この部下には伝わっていないのではないか」と焦りを感じ、イライラして怒りが倍増していくのです。

「はじめに」で触れた「新入社員がプレッシャーを感じた上司の言葉」のアンケートは日用品メーカーのライオンが行いました。

言うの
心底
普通はし

これは何
感謝の言葉……ありがとうございま
す」と言い、……ありがとうございます！」と言ったら、
人はどちらを叱……しょう。

「トラブルが起きました、すぐに来てください」と、ほとんど表情を変えずに言うのと、とても困った表情を浮かべて言うのでは、人はどちらの方にまず駆けつけるでしょうか？

自分がつらいとき、精神的に追い詰められているようなときにも、**言葉とともに、表情でサインを出してください。**

「相手が追い詰められていることに気がつかず、ますます追い込んでしまった」などという悲劇的なことが起こってからでは遅いのです。

理職の自分がやらざるを得ないし、もう指導は諦めています
す。

昨今の風潮から、このように上司はパワハラを恐れて、怒鳴り
は少なくなるかもしれません。

しかし、相手が取引先やお客さまの場合はどうでしょう？
あなたに何か不手際があって謝罪したとしても、その気持ちが相
それは謝ったことにはなりません。
それどころか、相手の気持ちをますます損ねて、状況が悪くなるこ

そんなとき、相手に対して「クレーマーだ！」「キレる中年だ！」と、
一度自分の謝罪の気持ちが、ちゃんと相手に伝わっているかどうかを確か
い。

同じ「すみません」という言葉でも、無表情で「すみません（シラッ）
すまないことをしたという気持ちを表情に出し、顔をゆがませて「すみませ

第2章

相づちで話せ

会話のカギを握るのは聞き手

会話のカギを握るのは誰か？

私は、講演や研修をするときには、参加者の皆さんに簡単な会話ゲームをしていただきます。

まず、会場内で、初対面の人同士で2人組をつくってもらいます。

企業での研修などで、参加者が顔見知りばかりのときには、違う部署であるなど、今まであまり話したことのない相手と2人組をつくります。

そして、お互い自己紹介をしてもらうのですが、このときに簡単なルールがあります。

①自己紹介は1分間
②自己紹介をするのは、話し手だけ
③聞き手は、うなずきもせず、相づちも打たず、表情を変えず、黙ってじっと聞く

そして、話し手と聞き手を交代して、1分ずつ自己紹介をします。

このゲームをやっていただく目的は、参加者に二つのことを実感してもらいたいからです。


まずは、**1分という時間です。**

どこの会場でも、皆さん大体30秒を過ぎたあたりから、話が途切れがちになり、40秒を過ぎると、会場内の半分ぐらいの人が、そして50秒でほとんどの人が、私の方をちらちらと見て「まだ？」と目で問いかけます。


たった1分。

されど1分。


実際にやってみると分かるのですが、1分間自己紹介をするのはとても長く感じられます。

自己紹介ですから、何を話してもいいのです。皆さん、何十年と生きていらっしゃるのですから、本当は話すことはいくらだってあるはずです。

なのに、ほとんどの人は、自分の名前と会社名をお話しになって、さぁ、その後は何を話せばよいのやら、なんとなく気まずい思いをされるのです。

たいていの人が、たった1分間も自分のことを話し続けることができない。

それはなぜでしょう?

なぜ、話しづらいのでしょうか?

それは、いくら話しても、聞いている相手が無表情でノーリアクションだからです。

私がここで皆さんに一番実感していただきたいのは、

会話をスムーズに続けるためにカギを握っているのは、実は「話し手」ではなく「聞き手」だということなのです。

よく「会話を弾ませるためにはどんな話題を選べばいいですか?」とか、「どんな話し方をすればいいですか?」などという質問をいただきます。

しかし、実は一対一での会話が弾むかどうかは、話し手にかかっているのではなく、聞き手次第なのです。「聞き手」が下手だと、話すのがどんなに上手な人でも、話を続けることはできません。

「ビジネスで大切なことはホウレンソウ、つまり報告・連絡・相談だ」というのは今も昔も大原則ですよね。

でも、実は職場での良好なコミュニケーション環境をつくるためには、

「報告を受ける方」

「連絡を受ける方」

「相談を受ける方」

にも、上手に聞き出す責任があります。

部下が緊張して報告してきたり、相談してきたりしたときに、聞き手の上司の「聞き方」こそが重要なのです。

つまり、他人と会話を弾ませるために、まず**目指すべきは、聞き上手になること。**

講演では、聞き上手になる方法を説明した後に、もう一度先ほどの人と2人1組になっ

て、会話のゲームをしていただきます。

今度は、時間は倍の2分間。

自己紹介は先ほど済んでいますので、話の内容は、例えば「最近、仕事でちょっと困っていること」とか「新入社員の言動で驚いたこと」とか「上司についての戸惑い」というような、軽い悩み相談のようなテーマで話していただきます。

すると、ちょっとしたコツを知って聞き上手になった皆さん同士の話は、ものすごく盛り上がります。


先ほどは、1分間話し続けることができなかったのに、今度は2分間では話し終わらずに、「はーい、時間ですよ〜」と申し上げても話し続ける人が続出します。

そして、皆さんとても楽しそうです。

そう、私がこのゲームを皆さんにやっていただくもう一つの目的は、

「人と会話が弾むということは、とても楽しいことである」

ということを、改めて実感したり、思い出したりしてほしいからです。

しかも会話をすることで、

「こんなことを考えているのは、自分だけではないんだな」

「おや、みんな自分と同じようなことで、苦労しているんだな」

「なるほど、そういう考え方もあったのか」

などなど、慰められたり、連帯感が持てたり、心強かったり、発見があったりと、自然とプラスの感情が生まれます。

また、「初対面の人」「顔は知っていたけれど、今まであまり話をしたことのない人」と会話が弾むということは、楽しいだけではなく新しい可能性も広がります。

聞き上手になると得をします。

あなたはきっとさまざまな人から話を持ちかけられるでしょう。

いろいろな情報が入ってきます。

そして、あなたは相手にとって、「話が弾む好ましい人」になります。

もし、あなたが営業職や接客業であったとしたら、それこそが、お客さまと関係を築くまず第一歩ですよね。顧客にとって、どんなものであれお金を払って買うなら、自分にとって「好ましい人」「話をしていて楽しい人」から買いたいな、と思うはずです。

もし、あなたが婚活中で、お見合いパーティーや合コンにいそしんでも思うような効果が得られないなら、**まずは〝聞き上手〟になってください。**

自分の話を楽しそうに聞いてくれる相手ほど、会話が弾んで楽しい人ほど、好ましい相手はいないでしょう。

では、〝聞き上手〟になるためには何に気をつければよいのでしょうか？

〝聞き上手〟になるために大切なこと

「聞き上手」になるために、一番大切なのは、

・うなずき
・相づち
・リアクション

です。

人は誰でも話をしているときに、「あれ？　私の話、聞いてくれているかしら？」「自分の言ってること、通じているのかな？」と不安になったり、「自分の話に相手は興味を持っ

てくれているのかな？」と気にしたりします。
そんなときに相手がノーリアクションだと、どうでしょう……。

人間は無反応な人には話を続けられません。それは先ほど紹介した会話のゲームで、皆さん実感なさいます。

もちろん、先ほどのゲームでは、わざと「聞き手は、うなずきもせず、相づちも打たず、表情を変えず黙ってじっと聞く」というルールをあらかじめつくってあります。

実際には、そのようにまったく無反応で人の話を聞く、というようなことはないでしょう。ですが、日本人は全体的に控えめな〝はにかみ文化〟なので、人の話を聞いているとき、反応が乏しく、大きくうなずく人が少ないのです。

例えば、欧米人などは「オーマイゴッド！」と天を見上げてみたり、両手を出して肩をすくめ、横目になり舌を出してみたり、身振り手振りも大きくオーバーリアクションの人が多いですよね。

「相手と会話を弾ませたいな」と思うなら、この**うなずき、相づち、リアクションを、**

いつもより3〜4割増しぐらい大きめに取ってください。

実はこれは、アナウンサーがインタビューをするときの〝基本の基〟なんです。

私たちアナウンサーは、さまざまな職業の人にインタビューします。相手が、例えば大学の先生や医者、弁護士など、普段仕事で話すことに慣れているはずの人であっても、大きなテレビカメラが目の前にあり、ライトがこうこうとたかれると、10人中9人が、カーッとあがってしまい、しどろもどろになります。

そんなとき、私たちインタビュアーはすかさずカメラの横に立ち、大きく深くうなずいたり、相づちをうったり、全身を使ってリアクションを取ります。すると皆さんだんだん乗ってきて、冗舌にお話ししてくれます。

まず、**うなずき**

「人の話を聞くときには、うなずきながら聞きましょう」と申し上げると、「うなずくと、その人の話に同意していることになってしまう。同意できない話だった場合に困る」ということをおっしゃる人がいます。

特に男性に多いです。

ですが、うなずく行為は、「あなたの話に同意します」という意味以前に、

「あなたの話を聞いていますよ」

「あなたの話を理解していますよ」

というメッセージを相手に伝える効果があるのです。

その話に同意できるかどうかは、最後まで聞いてからでないと判断できませんよね。

まずは、相手に最後まで話してもらうためにも〝うなずき〟は必要です。

そして、相づち

皆さんは、どんな〝相づち〟を打っているでしょうか？
「はい」「うん」「ええ」「そうですね」「はぁ」あたりが基本の相づちだと思いますが、
私はインタビューのときは、あえて「へー！」「ふーん」「なるほど！」「そうなんですか！」
という相づちをよく使います。

この相づちには、相手の話に「興味を持つ」「驚く」「感心する」という気持ちが込められます。

だって逆の立場になって考えてみてください。

自分の話を、興味を持って、驚きながら、感心して聞いてくれる相手には、もっともっと話したくなりますよね。

さらに、話を弾ませるために大いに役立つ相づちは、**相手の話の先を促す相づちです。**

「それで？」

「それで、どうなったの？」

「それで、どうなったんですか？」

これらの相づちを上手にはさむと、相手の話の背中を押すことにつながります。

さて、もう一歩相手との距離を縮めたいときに使うと効果的なのは、

「分かる、分かる」

「いっしょ、いっしょ」

「あるある」というような、**相手の言葉に同調する相づちです。**

街で一般の人にインタビューするときなど、短い時間内でできるだけ心を許して話してもらいたいときに、私は積極的に、この「分かる、分かる」「いっしょ、いっしょ」という相づちを使います。

例えば、中年のビジネスマンに「最近、何か『これって老化現象かな？』と思うようなこと、ありましたか？」と聞いたとして、

「うーん、そういえばこの間、娘の小学校の運動会で走ったら、なんか足がもつれちゃって……」

と話し出してくれた人に、

「まぁ、それではさぞや、お嬢さんがっかりしたでしょうね」

と言ったら、そこで話は終わってしまいますよね。

そんなときには、

「あぁ、分かります、分かります！　自分では足を上げているつもりでも、上がってい

なかったりするんですよね！　転んでしまったなんて方も多いみたいですよ。皆さん、いっしょですね……」

などと答えれば、

「うん、それからね……」と話が続いていきます。

こうやって同調することが大切なのは、「相手を恥ずかしい思いにさせない」「相手を孤立させない」ためです。

「こんなことを言って、変な人だと思われないだろうか？」

「こんなことを思うのは、自分だけではないだろうか？」

という不安は誰にでもあるものです。

そんなとき、聞く側が「分かる、分かる」「いっしょ、いっしょ」と同調してくれることで、話し手は「よかった、自分だけじゃなかった」と安心して、話を続けられるのです。

しかも、同調してくれるということは、すなわち自分の話に共感してくれているということですから、話が盛り上がるきっかけにもなります。

共感できるところを積極的に見つけて、**「あなたの気持ち、分かります」という同調の意思表示をすることが大切です。**

これを心理学では「類似性の法則」といいます。

人は出身地や出身校、趣味など共通点が多いほど話が弾みやすい、ということなのですが、そうそう都合よく同じ出身地や出身校だったり、同じ趣味の人ばかりではありません。

だとしたら自分から積極的に、相手の話の中に「類似性の法則」を見つけて、「ここは共感できるな」と思ったら、「あぁ、それ分かります」と同調する相づちを入れてください。

人は、誰でも共感されるとうれしいものです。

ただし、この同調する言葉を使うときには、注意点があります。

まず一つは、あくまでも、**本当に共感できるポイントを見つけて使う**ということです。

例えば、先ほどの街録でも、中年のご婦人が「ちょっと暗いとメニューが読めなかったりするのよね、老眼が始まっているのかしら〜?」と言うのに対して、見るからに20代だろうというような若いリポーターが、「分かる、分かる! いっしょです!」とでも言ったなら、そのご婦人は「うそつけ! あなたのは近眼でしょ! この人いいかげんな人ね

～」と思うでしょう。

また、何でもかんでも「あ～分かる、分かる！」と言われたら、「あいつはなんて、お調子者の軽いやつなんだ」と思われるのがオチです。

ですから、あくまでも、相手の話の中の、本当に共感できる部分にだけ使うようにしてくださいね。

最後に、リアクション

「聞き上手になるためには、いつもの3～4割増しぐらいの気持ちでリアクションしましょう」と申し上げると、皆さんは、「リアクション芸人じゃあるまいし……」と、思われるかもしれません。

でしたら、「感情表現を豊かにする」というふうに考えるとどうでしょう？

つまり、相手の話を聞いて**「笑う」「面白がる」「驚く」「心配する」「共感する」というう感情を、表情でちゃんと表す**のです。

表情の重要性は、第1章でも記しました。
無表情で何を考えているか分からない相手に話を続けることはできません。

現代人はどんどん表情が薄くなっているように思います。それはやはりパソコンやスマホに向かっている時間が長いからではないでしょうか？

特に幼い頃からゲーム機やテレビゲーム、パソコンゲームにいそしんできた世代は、その傾向が顕著です。

電子機器やロボットを相手に、笑ったり怒ったりすることはないでしょう。しかし、人と人とのコミュニケーションにおいては、自分の気持ちを伝えるためにも、相手の気持ちを推し量るためにも、表情はとても重要な役割を果たします。

つまらない相づちで損をしている人

さて、相手と話を弾ませるには「うなずき・相づち・リアクション」が大切だと説明してきました。

でも、自分は相づちはちゃんと打っているのに、どうも会話が弾まない、という人、こんな相づちで損をしていませんか？

A「いや〜参ったよ……。今日、取引先の○○社に行く途中で大切な資料忘れてきたことに気がついてさ……。引き返すと遅刻しちゃうし、どうしようかと思ってさ……」

B「えー、資料ならまだいいよ、俺なんて契約書を、しかも電車の網棚に置き忘れちゃったことあったんだぜ〜、あんときは大変だったよ〜」

A「……」

このような会話は盛り上がりません。
なぜなら、Aさんは Bさんに話を取られてしまったからです。

A「いや～参ったよ……。今日、取引先の○○社に行く途中で大切な資料忘れてきたことに気がついてさ……。引き返すと遅刻しちゃうし、どうしようかと思ってさ……」

C「あれだろ、しょうがなくそのまま行ったら、あそこの△△課長にグチグチ説教されたんだろ～。あいつ、いやみなんだよな～、分かる、分かる、大変だったな～」

A「……」

これも盛り上がらない、Cさんは先回りしすぎです。

A「いや～参ったよ……。今日、取引先の○○社に行く途中で大切な資料忘れてきたことに気がついてさ……。引き返すと遅刻しちゃうし、どうしようかと思ってさ……」

D「おまえはいつもそうなんだよな、どうせちゃんと準備もせずにバタバタと出かけて行ったんだろ？　だからそういう失敗するんだよ」

A「……」

これはもう最悪ですね、Dさんは決めつけすぎです。

Aさんは、今日経験した「取引先の○○社に行くのに、忘れ物をしてしまって自分があわてた話」を誰かに聞いてもらいたかったのです。

どんなに自分が困ってしまったかという心情かもしれないし、もしかしたら意中の部下が資料を持ってきてくれたという〝恋バナ〟なのかもしれない。

Cさんの言う通り、取引先のいやみな課長に説教されて嫌な思いをしたという愚痴をこぼしたかったのかもしれない。

ところが、話を取られてしまったり、先回りされたり、決めつけられたら、この後、話をする気が失せてしまうでしょう。

そして、このような相づちを打つ人とは二度と話をしたくないと思うでしょう。

このように、**「人の話を取る」「先回りする」「決めつける」というのは、会話が弾まない原因です。**気をつけてくださいね。

第**3**章

質問で話せ

目指せ！あなたも名インタビュアー

上手なインタビューとがっかりなインタビュー

聞き上手になって話が弾んできたら、次は話を広げていきましょう。相手の話をもっと引き出したい、もう少し打ち明けてもらいたい、と思ったらインタビューする気持ちになってみましょう。

さて、インタビューには、「上手なインタビュー」と「がっかりなインタビュー」があります。テレビを見ていて、皆さんも気がつくことがあるのではないでしょうか?

「はい」「いいえ」で答えられる質問はするな

例えば、新人のアナウンサーがサッカーのワールドカップでゴールを決めた香川真司選手にこんなふうにインタビューしたとします。

アナウンサー「前回の大会では悔しい思いをされたことと思いますが、今回は見事雪辱を果たしましたね！　最高の気分ではないですか？」

香川選手「はい、そうですね……」

どうでしょう？

このインタビューを聞いて、皆さんは物足りなく思うのではないでしょうか？

「アナウンサーが全部しゃべっちゃってどうすんだよ！　香川選手の言葉が聞きたいのに……」

さらに、もっと頭を抱えてしまうアナウンサーもいます。

アナウンサー「ぼくも、高校時代サッカーをやっていて、試合の前にはゲン担ぎでとんかつをよく食べたんですが、香川選手は何かゲン担ぎみたいなことをなさったりするんですか？」
香川選手　「いいえ、別に……」

皆さんは、テレビの前で叫ぶでしょう！

「おまえのとんかつの話はどうでもいい！　おまえの話が聞きたいんじゃないよっ！

香川選手の話が聞きたいんだよ〜〜〜〜〜〜〜〜っっ!!」


インタビューで一番やってはいけないのは、相手が「はい」か「いいえ」で答えられる質問をすることです。

なぜいけないかというと、話が広がらないからです。

だからと言って、この質問の仕方もどうでしょう？

アナウンサー「今のお気持ちは？」
勝った選手　「うれしいです……」
負けた選手　「くやしいです……」

これまた皆さんは叫ぶでしょう！

「つまんね〜〜〜〜〜〜〜〜〜っっ!!」

新人のアナウンサーが困ったときに連発する「今のお気持ちは？」は、ざっくりすぎて、相手が何について答えていいのか、つかみかねてしまいます。

上手なインタビューとは、相手の言葉を引き出すインタビューです。

２０１７年に行われた、フィギュアスケートの浅田真央さん引退発表記者会見。

１時間近くにわたり記者たちが質問し、それに対して一問一問大変丁寧に真摯に答える浅田真央さんの姿が印象的でした。

そんな中、ＮＨＫのアナウンサーが、

「トリプルアクセルに声をかけるとしたらどんな言葉をかけますか？」

という変わった質問をしました。

浅田真央さんはちょっと驚いて苦笑しながらも、しばし考えて、

「なんでもっと簡単に飛ばしてくれないの？　という感じです」と、答えました。

ネット上などでは、あの質問は賛否両論となり「ふざけた質問だ」と批判する人も大勢いたようです。

しかし私は、結果的に浅田真央さんの心情を表す言葉を引き出した、いい質問だったと思います。

上手なインタビューとは、相手が「はい」「いいえ」では答えられず、自分で考えてしゃべらざるを得ないもの、そして、相手が自分の気持ちに気がつくことを手助けするものなのです。

質問することに一生懸命になるな

上手なインタビューをして話を広げるために、次に気をつけるのは、

「質問することに一生懸命にならない」

ということです。

質問することに一生懸命になりすぎると、

「次は、何を質問しよう？」

「どういうふうに質問しよう？」

「次は、何を話題にしよう？」

と、質問することで頭がいっぱいになって、相手の話していることをちゃんと聞くことができなくなってしまうのです。

せっかく相手が〝話が広がるきっかけ〟になることを話してくれているのに、気づかず素通りしてしまう。これも新人のアナウンサーがよくやってしまう失敗です。

2018年の秋、テニスの全米オープンで日本人初の優勝を成し遂げた大坂なおみ選手。一躍時の人となり、あの全米オープン優勝の当日、夜のニュース番組は各局生放送で大坂選手にインタビューをしていました。

彼女の場合、まだ日本語が不慣れで、英語で答えることが多いので通訳が入ることにより、インタビューするのが難しいということもありますが、NHKの新人女性アナウンサーがインタビューした様子はこうでした。

インタビュアー「決勝で優勝を決めたときのお気持ちを教えてください」
大坂選手「うれしかった、でもちょっと寂しい気持ちもあった」
インタビュアー「今回、メンタル面が強くなったと言われていますが、その要因は何ですか？」

皆さんはどう思ったでしょう？

テレビを見ていた私は叫びました！

「うわ〜〜〜もったいな〜〜〜い!!」


何が「もったいない」かって!?

だって、もっともっと興味深い話が聞けたはずなのです。

全米オープンで優勝したその瞬間、うれしいのは当たり前ですよね。ところが大坂選手は「でも、ちょっと寂しい気持ちもあった」と答えています。


これは、どういうことなのだろう？

なぜ、寂しい気持ちになったのだろう？

そこを詳しく聞けば、もっと大坂選手の心の中をうかがい知る興味深い話が聞けたはずなのです。

なのに、あのＮＨＫのアナウンサーはなぜ、そこを聞き返さなかったのか？

あの日は夜の９時から、各局のニュース番組が次々と生中継をすることになり、各番組に割り当てられた短い時間の中で、あの新人アナウンサーは、

「優勝したときの気持ち」

「勝った要因」

「表彰式での観客からのブーイングについて」

「今、何が食べたいか？」などなど……、

これらの質問を時間内にできるだけたくさんするように、ディレクターから命じられていたのでしょう。

だから「質問すること」「どのように質問したらいいだろう」ということで頭の中がいっ

ぱいになってしまって、相手の話を全然聞いていないのです。

このNHKの生中継の後は、今度はテレビ朝日の中継でした。

こちらのインタビュアーは、元テニスプロ選手の松岡修造さんでした。

ここでもまずは松岡さんが、「決勝で優勝を決めたときの気持ち」を聞き、大坂選手は「優勝したときの気持ちは、うれしい気持ちとちょっと寂しい気持ち」と答えました。

「さぁ、今度こそ『ちょっと寂しい気持ち』とはどういうことなのか聞いてくれ！」と思った私。

するとインタビュアーの松岡修造さんは、こう言ったのです。

松岡　「寂しい気持ち……、それは君にとって子どものときからの憧れだったセリーナ選手に勝ってしまったから、そういう気持ちになったんだね」

大坂選手「はい、そう……」

そしてこの話は終わってしまいました。

これまたがっかりです！

松岡さん、あなたが全部言っちゃってどうするのよ〜〜〜〜！

大坂選手自身の言葉で、セリーナ・ウィリアムズ選手への思いと、その憧れの選手を倒して優勝したときの複雑な心境を語るのを、視聴者は聞きたいのに……！

大坂選手自身が話すことで、また意外なキーワードが出てきたかもしれないのに……！

先ほど書きましたよね。

「はい」「いいえ」で答えられる質問をしてはダメなのです。

上手なインタビューとは、相手の話を引き出し、そしてその話の中から、さらに**「話の金脈」を見つけて、より深く相手の心情を引き出すものなのです。**

どんな仕事でも、相手の話を引き出すことから始まる

このように上手にインタビューして「相手の話を引き出す」ということは、仕事上でもプライベートでも、良好なコミュニケーションを取る上でとても役に立ちます。

例えば、皆さんが保険の営業職だとします。

お客さまに自社の保険に加入してもらいたいと思ったら、そのお客さま一人一人と会話を弾ませて、その方がどんな人なのかを知り、その方に合った保険プランを提案する必要があります。

そのようなとき、まずは「はい」「いいえ」で答えてもらう質問が基本になるのでしょう。

「ご結婚なさっていらっしゃいますか?」⇒「はい」「いいえ」

「お子さんはいらっしゃいますか？」⇓「はい」「いいえ」
「ご夫婦共働きですか？」⇓「はい」「いいえ」
「月々の給与をサポートする保障はおつけしますか？」⇓「はい」「いいえ」

しかし、この「はい」「いいえ」で答えられる質問ばかりですと、話が広がらず、お客さまの隠れたニーズは引き出せません。

かといって、「どのような保険をお望みですか？」といったざっくりした質問をしても、自分にはどんな保険が必要なのか、はっきり分かっていらっしゃらないお客さまが多いのが実情でしょう。

また、「分からないことは何でもお聞きください」と言われても、「何が分からないのか、分からない」という話もよく聞きます。

このような方々に、どんな保険が必要なのか、どんな保険がお薦めなのかを知るためには、上手にインタビューをして話を広げる必要があります。

まずは、このような聞き方をしてみましょう。

「いつ、どこで、誰が、何を、どうした、なぜ、どのように」

を質問するのです。

例えば、

「いつ頃結婚したいと思っていらっしゃいますか？」
「お子さんは何人くらいほしいとお考えですか？」
「共働きをしていらっしゃる一番の理由は何ですか？」
「ご自身が万が一ご病気になり、入院することになってしまったとしたら、一番気がかりなのはどういうことだと思いますか？」

このような質問をすると、相手も答えを考えることにより、自分がどのように生きていきたいのか具体的にイメージすることができます。

「上手に聞く」ことができると、相手はいろいろな話をしてくれます。話しているうちに、忘れていたことを思い出したり、頭の中が整理できて本当に自分の希望することに気がついたりすることは、私たちがインタビューをしていてもよくあることです。

相手の頭の中にある答えを見つけよう

そうやってお客さまの話を引き出すことにより、相手のニーズに合わせた商品を提案することができます。

実際にこんなことがありました。

私は、今から9年前、家を建てることになりました。結婚して19年目のことでした。家を建てるのに際し、数限りなくある住宅メーカーの中から、さてどこを選べばいいのかと途方に暮れた私の頭に浮かんだのは、最大手のA社でした。

ちょうどその頃テレビコマーシャルで盛んに宣伝していた「収納スペースが至る所にある家」というコンセプトに引かれたのです。

そこで、まずはA社に連絡を取りました。

ただ、不動産屋さんから「普通は何社かから、おおまかな設計案と見積もりを取って、比較検討して決めるものですよ」とアドバイスを受けたので、中規模ハウスメーカーのB社と、地元だけで展開するC社の3社で見積もりを取ることにしました。

私たち夫婦は、その3社の営業マンに「このような家を建てたい」という希望を伝えました。

夫は車のガレージが、私は大きなキッチンが欲しい、と話しました。

A社の営業マンは、当時の私たちより年上の50歳代とおぼしき大ベテランで、物腰もやわらかく、だけど自信たっぷりに「お任せください」とおっしゃいました。

B社の営業マンも部長という肩書のナイスミドル、この人も慣れた様子で安心感を覚えました。

それに対して、C社の営業マンは20代のまだ若い男の子といった感じで、あまり慣れておらず、少し頼りない印象を受けました。

後日、それぞれの会社が持ってきた設計図と見積もりを見て、私たち夫婦は驚きました。3社とも価格には、それほど違いはなかったのですが、設計図はまったく違いました。土地の広さや建ぺい率などの条件も同じなのに、こんなにも会社によって家の形も間取りも違うのかとびっくりしました。

そのおおまかな設計図を見て、私たち夫婦は迷わずC社に決めました。

この違いを生んだのは、ひとえに3人の営業マンが、私たち夫婦と話をして、私たちの希望を上手に聞き出してくれたか否か、ということだと思うのです。

私たちは、テレビ制作プロデューサーとアナウンサーという、普通の人よりおしゃべりな、自分の希望をはっきり言う人種です。

その私たちでさえも、「家を建てる」という初めてのことに対して、「建ぺい率」だの「容積率」だの「斜線制限」だのといったよく分からない規制の中で、自分たちの希望のライフスタイルを実現させるにはどんな家を建てればいいのか、よく分からないでいたのです。その私たちの希望する暮らしを、C社のちょっと頼りないと思っていた若い営業マンさんは、とつとつと話しながらも、上手に聞き出してくれていたのですね。

この夫は、「ガレージが欲しい」とのことだ。

そこで「どんな車に乗っているのですか？」と、聞いてみたら、とても古い年式の特殊な車だと答えた。

横にいた妻は「あの車はすぐに故障する」とぼやいていた。

どうやら夫は、休日にガレージで車の整備をしたいらしい。

だとすると、作業しやすいようにできるだけ広くスペースを取ったほうがいいし、棚や収納庫もあった方がいいようだ。

妻は「大きなキッチンが欲しい」と言っている。

よくよく話を聞いてみると、料理が得意で、友達を家に招いてホームパーティーをしたいとのこと。

だったらキッチンは、オープンスペースのリビングダイニングキッチンはどうだろう？

この夫婦の1日の生活時間について聞いてみると、互いに仕事の時間がかなり不規則だということが分かった。

妻は担当番組によって、夜中や明け方に出かけて行くことも珍しくないとのこと。

しかも仕事柄、洋服類がかなり多いようだ。だとしたら、ウォークインクローゼットより、いっそのこと着替えも化粧もできる独立した部屋をつくればいいのではないか？

こんなふうに、いろいろな雑談をする中で、私たち夫婦が自分たちでは気がついていなかったニーズを引き出し、それを設計士さんに伝えて、私たちが喜ぶ設計図をつくり提案してくれたのです。

ですから、私たちは3社の中からC社の営業マンに仕事を依頼することにしました。

相手との会話の**雑談の中に、大切なキーワードは隠れているのです。**

ちゃんと相手の話を聞いて、その中であなたがひっかかったところ、「もっと聞きたい」と思ったところを、次の話題にしてみましょう。

もしかしたら、話が脱線してしまうかもしれません。

確かに話の着地点が見えない、あるいはあちこち飛んでしまう話を聞いているのは、不安や苦痛かもしれません。時間のムダと考える人もいるかもしれません。

しかし、**ムダと思える横道へそれた話の中に、必要なキーワードが出てくる場合があります。**

まずは、相手に話をしてもらうことが大切なのです。

そしてこれは何もお客さまに対してだけではなく、同僚とだって、上司や部下とだって、プライベートにおいても、いっぱい話をすることが、信頼関係を築く第一歩だと、私は信じています。

第4章

好印象で話せ

センスを磨け

感じのいい人、悪い人の分かれ道

皆さんは、初対面の人と会ったとき、

「この人は、感じのいい人だな」

「明るい人だな」

「誠実そうな人だな」

というような好印象と、

「この人は、感じの悪い人だな」

「暗い人だな」

「頼りなさそうだな」

というような悪印象とを、どこで判断するでしょうか？

第一印象を決定づけるのは、まずは、第1章でもお話しした**表情**ですよね。

でも、しばらく会話をすると、その人の**話し方の癖**や**言葉選びのセンス**でも、好印象と悪印象に大きく分かれます。

ここでは、ほんの少し話し方の癖を変えたり、言葉選びのセンスを磨いたりすることで、あなたの印象をぐっとアップする方法について考えていきましょう。

話し手の印象を決めるのは語尾

まずは、自分の話し方の癖を知りましょう。

気をつけなくてはならないのは語尾です。

実は、この語尾がはっきりしない話し方をする人が大変多いのです。

この〝語尾がはっきりしない話し方〟には大きく分けて2種類のタイプがあります。

まず、言葉通り〝語尾がはっきり聞こえない〟タイプ。

そしてもう一つは、〝語尾をあいまいにして話す〟タイプです。

〝語尾がはっきり聞こえない〟自信がないタイプ

まず、〝語尾がはっきり聞こえない〟タイプ。

これは、話していて、なぜか語尾になると声が小さくなってゴニョゴニョと聞き取れない話し方をする人です。

私は最近、講演の仕事が多いのですが、そのようなとき、私を紹介してくださる司会役の人が、このような話し方をすることが多いです。

「え〜……、本日の講師の庄司麻由里さんは、フリーアナウンサーとしてテレビやラジオで活躍していらっしゃるということでゴニョゴニョゴニョ……。

本日は、コミュニケーション術についてお話ししていただきますが、有意義なお話が聞かれるのではないかとゴニョゴニョゴニョモゴモゴモゴ……」

おそらく真正直な方々なのでしょうね。

本当にこの庄司麻由里というフリーアナウンサーが、活躍しているのか、有意義な話をしてくれるのか、まったく自信がないので、このような話し方になってしまうのでしょう。

自信の持てない内容だと声が小さくなってしまう。

これは、ある程度仕方のないことです。

誰だって、自信のないことを、大きな声では話せません。

この場合は、話を「自信の持てる内容」にすればいいだけです。そもそも、「自分で自信が持てない話」が、相手に伝わるわけはないのですから。

やっかいなのは、このような話し方が癖になってしまっている人です。

話している内容に自信がないわけではないのに、語尾になると小さな声になってしまうという癖のある人、結構多くいます。

そして残念ながら、ご自分では気がついていません。

このような癖があると、まず、聞き取りにくいですから物理的に相手に伝わりません。聞き取れたとしても、その内容に信頼性はまったく感じられません。なぜなら、とても自信なさげに聞こえるからです。

〝語尾をあいまいにして話す〟無責任タイプ

続いて、〝語尾をあいまいにして話す〟タイプ。

これは責任を取りたくない人に多い話し方です。典型的なのはお役人ですね。

私は、父の故郷という関係で、山形県庁で、お米「つや姫」のブランド戦略委員を務めたり、農産物のＰＲのお手伝いをしたりしたことがあります。また、自治体主催のイベントの司会を務めたり、研修のため役所に講師として伺ったりして、公務員と仕事をする機会が多くあります。

皆さん、とても真面目で誠実で感じのいい人ばかりです。

ところが番組で取材に伺うと、この印象は残念ながら変わってしまいます。「感じのいい公務員」が「感じの悪いお役人」になってしまうのです。

今まで数えきれないほどのお役人にインタビューしました。私は生活情報番組で取材に伺っているので、何も「不正を暴く」とか「セクハラを糾弾する」というような物騒な話ではなく、例えば、「消費期限と賞味期限の違いについて、農林水産省の担当者に説明してもらう」とか、「公園整備について、住民の『計画の見直しの要望』について、どのような対応をしているのか区役所の担当者に話を聞く」というようなことなのですが、この「お役人さんの説明」は、だいたいが大変分かりにくく、感じが悪いのです。

私「賞味期限について教えてください」

役人「賞味期限とは、開封していない状態で、表示されている保存方法に従って保存したときに、おいしく食べられる期限を示しておりますが、しかしながら賞味期限を過ぎても食べられなくなるというものでもなく、とはいえ一度開封したものは、開封後も保証されているわけではないということを十分に理解していただき、参考にしていただければよいのではないかと思います」とか、

私　「あの公園の整備について、どのような対応をされているのでしょうか？」

役人「その点につきましては、抜本的かつ体系的な見直しを行うべきであると心得る次第でありますが、いかんせんコストの問題が解決しておらず、検討しているとしかお答えできない状況であることをご理解いただきますようお願いする所存です」

のように、スラスラおっしゃられても、

「で、結局賞味期限を過ぎたものは食べられるの？　食べられないの？」

「あれ？　で、結局見直ししてくれるの？　くれないの？」

と、さっぱり理解できません。

このように、〝語尾をあいまいにして話す〟のは、「話している内容に責任を取りたくな

い」という気持ちの表れです。

ここまで、語尾をあいまいにすることはなくても、皆さんも普段意識せずに語尾をあいまいにしています。

「～だと思います」
「～だそうです」
「～のようです」
「～ではないでしょうか」
「～してみたい」
「～したいと思う」

これらの〝あいまいワード〟は、使えば使うほど、無責任感が漂い、説得力や信頼性は落ちていきます。

最近ネット上では「関西の人は、何か話をした後に、よく『知らんけど』とつけるけれど、あれ無責任で頭にくる」という話題が議論を呼びました。

でも、私にしてみれば、関西人の「知らんけど」は、ある意味「いろいろ話をしたけれど、責任は取れないよ」とあえて正直にはっきり言っているのですから、あいまいな語尾よりはましな気もするのです。

語尾まではっきりと言い切れ

話の内容に自信があるときや、相手に伝わる話し方、説得力を持つ話し方をするためには、**語尾は最後まではっきりと大きな声で、そして、言い切ることを心掛けます。**


例えば、〝ジャパネットたかた〟の創業者である髙田明さん。

あの方は、「この性能でこのお値段は安い！　お薦めです!!」と言い切っていましたよね。間違ってでも「この性能でこの値段は安いのではないでしょうか？　お薦めしたいと思います」とは言いませんでしたよね。

髙田さんのあの口調により、聞いている人は説得されて、買いたくなってしまったのです。

私もリポートするときには、極力、語尾をあいまいにしません。スタジオでも、例えば、

「今日の特集を見れば、料理の腕が上がるかもしれません」

ではなく、

「今日の特集を見れば、料理の腕が上がります」

「皆さんの疑問を解決したいと思います」

ではなく、

「皆さんの疑問を解決します」

と、語尾をあいまいにせず、言い切ります。

語尾を明確にした方が、伝わりやすく、しかも相手はあなたの言葉に信頼性や説得力を感じます。

しかしもちろん、話の内容すべてに自信があるわけはありませんよね。中には、断言で

きないこともあるでしょう。

「最近の若い男性は、自分の車を持つことにあまり興味がないみたいです」

「○○さん、体調が優れないようで、しばらくお休みされるそうですよ」

などは、本来のその言葉の正しい使い方です。

また、〝あいまいワード〟には、文章にリズム感を出したり、口調をソフトにする役目もあります。

ですから、私が申し上げたいのは、**あいまいワードを使うのか、意識して最後まで言い切るのか、意図的に使い分けた方がいい**ということです。

〝へりくだりワード〟はイラッとさせる

特に、若い人は〝あいまいワード〟が大好きです。
「自分的にはありかも」とか、
「ちょっとやってみようかな、みたいな」とか、
「それって、ビミョ～じゃね？」などなど、
まわりの空気を読んで、あくまでもあいまいに……。

同年代の友達同士の会話なら、いいのです。

いつの時代にも、その時代の空気を表す若者言葉は存在しました。

私も若いとき、「～じゃん」とか「うっそ!? まじで??」というような言葉を使い、そのたびに母親から「言葉が汚い！」「私はウソなど言っていません、失礼な！」と怒られながらも、仲間内での言葉遊びを楽しんだものです。

ところが残念なのは、仕事場で、年上の人に対して、何事もあいまいにしたい気持ちからか、**不必要な〝へりくだりワード〟を使う人が急増している**ことです。

自分では気を使って、丁寧な言葉を使っているつもりなのに、なぜか相手がいらだつ話し方は、とても損です。

病院の検査室で「大丈夫かどうか分からないから病院に来ているんだ！」と若い看護師さんを怒鳴りつけているお年寄りを見かけました。

どうやら血圧を測る際に、看護師さんが「血圧をお測りしても大丈夫ですか？」と声をかけたことがきっかけのようでした。

何も怒鳴りつけなくてもいいとは思いますが、確かに「血圧を測っても大丈夫か？」と聞かれても、何が大丈夫か大丈夫じゃないか分かりません。

この「大丈夫」という言葉はまさにあいまいです。

了解を示すのも「大丈夫」

否定する意味でも「大丈夫」

私も、新人のスタッフに「明日、少し早く来て準備を手伝うわ。7時に来れば間に合うかしら？」と、言ったところ、「大丈夫です」と返され、これは「手伝ってもらう必要はない」という意味なのか、「7時に来れば間に合う」という意味なのか分からず、とまどったことがありました。

若い人にしてみれば、はっきりと断るのは気が引けるため、気を使ってあいまいな言葉で濁しているのでしょうが、相手に意思が伝わらないのは、余計に摩擦を生む原因になります。

また、これは若い人に限らず、**最近やたら耳にする言い回しに「〜させていただく」という言葉もあります。**

講演先でも担当者から「ご挨拶させていただきます」「ご紹介させていただきます」「発表させていただきます」など〝させていただく〟オンパレードです。

本来は、「相手の許可を得て行い、それにより自分が恩恵を受けるときに使う言葉」なのに、「とにかくこの言葉を使えば謙虚に聞こえるだろう」とはき違えている人が多くいます。

先日も、駅前で街頭演説をしていた区議会議員が、「私も昨年けがをして、車いすに乗る経験をさせていただきました！」と声を張り上げていましたが、一体誰にさせてもらったのでしょう。

夜中の3時集合だというのに、ADさんに「タクシーで来ていただいていいです」と言われて、「タクシー以外でどうやって来いっていうんだよ」と心の中で毒づき、新幹線の指定席が取れなかったときには「グリーン車に乗ってもらっていいです」と言われ、「誰にもらうんだよ」とつぶやく私は、いわゆる〝うるさい中年〟なのでしょうか？でも、取引先の会社に電話をして、「庄司様で、よろしかったでしょうか？」と言われて、「よろしいってどういうこと？　しかも何で過去形？」と、不快に感じるのは私だけではないと思います。


「こちらがコーヒーになります」

「え？　以前は何だったの？」

「彩りにピーマンを加えてあげてください」

「誰にあげるの？」

こんなふうに、相手をイラッとさせるのは損です。もっとシンプルに話せばいいのです。へりくだって話さなければいいのです。

「血圧を測りますね」
「私も昨年けがをして、車いすに乗る経験をしました」
「タクシーで来てください」
「指定席が取れないときは、グリーン車に乗ってください」
「庄司さんですね」
「お待たせしました、コーヒーです」
「彩りにピーマンを加えます」

わざわざ気を使って変な敬語やへりくだった言葉を使い、相手をイラッとさせるより、シンプルな言葉遣いのほうがよっぽど好印象ですし、相手に伝わります。

マイナス・プラス話法で話せ

ある自治体の婚活イベントで、自己紹介の仕方についてアドバイスしたことがあります。

「僕は、若い頃柔道をやっておりまして、今は太ってしまいましたが」

と、言う男性に、私はこう言いました。

「同じ内容でいいので、順番を変えてみてください」と。

つまり、「僕は、若い頃柔道をやっておりまして、今は太ってしまいましたが」ではなく、

「僕は、今は太ってしまいましたが、若い頃柔道をやっておりまして」にしたのです。

それで、出席していた女性参加者に、どちらの方が好感を持つかを聞いてみたところ、

圧倒的に後者でした。

印象の違いを聞いてみると、前者は、

「自分に自信のない人」

「太っている人」

「後ろ向きな人」

に対して、後者は、

「明るい人」

「気は優しくて力持ち」

「運動に打ち込んだスポーツマン」

でした。

まったく同じ内容を話しているのに印象は180度違うものになりました。


なぜでしょう?

もちろん、順番を変えようと、その人が現在太っていることには変わりはありません。

それなのに、こんなにも印象が違うのは、聞いている人は、後から聞いたキーワードの方が印象に残るからです。

つまり、

プラス情報＋マイナス情報＝印象に残るのはマイナス情報

マイナス情報＋プラス情報＝印象に残るのはプラス情報

となります。

自己紹介するときには先に欠点を言って、後から長所を話した方が、長所が印象に残り好印象になるのです。

これを**「マイナス・プラス話法」**と言います。

商売をやっている人は、自然にこの「マイナス・プラス話法」を使っています。

例えば、「この背広、フランス製でものすごく着心地がいいんですが、ちょっとお値段は高いのです」と言ったら、その背広は売れないでしょう。

でも、「この背広、ちょっとお値段は高いのですが、フランス製でものすごく着心地がいいんです」と言ったら、お客さんは、「ちょっと試着してみようかな」となりますよね。

何も考えずに言葉を並べるのではなく、ほんの少しセンスを磨いて、話す順番を変えるだけで、印象は大きく違ってきます。

大きな声で話せ

もう一つ、その人の第一印象を左右するのは、声です。
あなたは、どんな声でしょうか?

「声がいい」とは、どのような要因があるでしょう?
男性の場合は「低音の魅力」「甘い声」などというアンケートでは、福山雅治さん、竹野内豊さん、斎藤工さんが上位にランクインしています。

私は古い人間なのか、「声がよい俳優」というと、いの一番に細川俊之さんを思い出します。

女性の声を褒める形容詞としては、「かわいい声」はもちろん、最近なら「アニメ声」、一昔前だったら「鈴が鳴るような声」、また「ハスキーな声に引かれる」という人もいるでしょうし、もう亡くなられましたが女優の市原悦子さんの、あの昔話を語る独特の声に癒やされたという人も多いでしょう。

このような「持って生まれた声」そのものを変えようとするのは、俳優や声優ならともかく、一般の人にはハードルが高いでしょう。

けれども、心掛け一つで、変えられる部分があります。

それは声の〝大きさ〟と〝滑舌〟です。

もしあなたが、山奥の工房で黙々と焼物を焼くような陶芸家だったり、その道を究める職人だったりするなら、どんなに寡黙でも、声が小さくてぼそぼそとした話し方だったとしても、何の問題もないでしょう。

しかし、何かしら他人と関わらなければならないのであるなら、〝声が小さい〟〝ぼそぼそと話す〟という人は「元気がない」「暗い」「内気」といったマイナスイメージを与えてしまいます。

逆に、**〝大きな声〟で〝ハキハキと話す〟だけで、**

「元気がいい」「明るい」「ポジティブ」

と、好印象を与えられます。

就職面接で、婚活パーティーで、あなたが自己紹介するとき相手の反応はどのようなものですか？

あなたが話したときに、相手は、ふと顔の向きを変えていませんか？

それは、無意識に耳をあなたの方に向けているのです。あなたの声が小さくて聞き取りにくいからです。

例えば、アルバイト先で、あなたはちゃんと間違いなく注文を確認しているだけなのに

「えっ？　だからハンバーグの大根おろしソースだよっ」とか、「魚介サラダ、ドレッシングはサウザンアイランド、ドリンクバー付きよっ」などとお客さんにイラッとされて、なんだか叱られているような気分になってしまうのは、あなたの声がはっきり聞こえないからです。

そのような経験のある人は、今までより少し大きな声で、話すことを心掛けてください。イメージとしては、今話そうとしている人の後ろにもう1人いて、その人に話しかけるような気持ちで声を出してください。

大きな声で話そうとするとき、人は自然に声が少し高くなります。

そして、口を大きく動かすようになります。口を大きく動かすと、滑舌がよくなります。

仕事場でも、プライベートでも、初対面の人と挨拶するとき、

「はじめまして、○○と申します」

というたった一言二言を、小さな声でぼそぼそ言うのと、大きな声でハキハキ言うのとでは、印象はまるで違うのです。

事情を話せ

私は、年に1度開催されるイベントの司会を、10年間ほど続けたことがあります。

そのイベントとは、ある宝石の振興会と小売店協会が、その年に成人式を迎える女優や歌手などから1人を選んで、その宝石のネックレスを贈り、ベストドレッサーに任命するといったものでした。

ですから司会を担当した私は、10年間にわたり、その年に最も輝いていた20歳のタレントさんに舞台上でインタビューしました。

もちろんその方たちは、今でも活躍されている人が多いのですが、同じ20歳でもコミュニケーション能力や、話し方のセンスは皆それぞれで、その後の活躍の仕方もそれにより違うように感じられるのです。

毎年そのイベントの見せ場は、舞台の上でその宝石のネックレスを授与して、インタビューをするところでした。

インタビューといっても、成人式にからめた記念イベントなので、「成人になってやりたいことは何ですか？」とか、「20歳になったことで、あなたの気持ちの中で何か変わったことはありますか？」というような、いわゆる成人式で聞かれるようなことでしたし、その宝石についても、「この宝石に対して何か思い出はありますか？」とか、「ネックレスをプレゼントされて、身に着けてみた感想をお聞かせください」といった、その手のイベントではよくある内容のインタビューでした。

選ばれたタレントさんたちは皆さん、「お酒が飲めるようになるのが楽しみです」とか、「大人の仲間入りをするのだから、もっとしっかりしなくてはいけないと思っています！」とか、「この宝石は、お母さんが特別なときに着けるのを見ていて、幼心に『あぁ大人になったら私も着けたいな』と憧れていました」などとお答えになり、それほど難しい内容ではありませんでした。

「あれはダメ、これはダメ」と言わずに、事情を話して折り合いを見つける

ところがある年、当日の本番1時間前になって、イベント担当スタッフが困り果てた顔で司会者の私のところにやってきたのです。

「今年の女優の○○さんは、なんだかものすごく難しい人みたいで……。今から、インタビュー内容を全部台詞として書き出してほしいと言い出しまして、事前に自分で質問を選びたいというんです。

それで、それ以外の質問には答えたくないから、絶対に聞かないでくれって……。クライアントもお怒りで、どうしましょう……」

もちろん代理店は、事前にイベントの趣旨や内容は、事務所やマネージャーを通じて説明してあります。当然のことながら、すべて納得した上で、タレントは仕事として受けているはずなのです。

ですから、本番直前になって、タレント本人がそのようなことを言い出すことは前代未

聞で、「とにかく庄司さん、彼女を説得しないといけないので、司会者として一緒に行ってください」と言われ、控室に向かいました。

目鼻立ちのくっきりした美しい彼女に挨拶をし、打ち合わせを始めると、彼女はとても硬い表情で、急きょ書き出した質問内容を一つ一つ指さし、「この質問にも、これにも、答えられないので、質問をするのはやめてください」と繰り返すのです。

主催者側、スタッフはみんな苦虫をかみつぶしたようになっていました。

そこで私は、できるだけ穏やかに、それぞれの質問に対して、「なぜ答えられないのかを、教えていただけますか？」と聞きました。

すると、「私は20歳になったからといって、そんなに急に自分自身が変わるとは思えないからです」とか、「その宝石に対しての思い出は、別に何もないのです」などと、答えるのです。

どうやら彼女は、とても真面目なのですね。だから自分が、少しでも本当に思ってもいないことを言うことはできない、ということなのでしょう。

そこで、「確かに、ご自身の中で急に気持ちが変わることはないにしても、例えば、選挙権が与えられるとか、社会人としての責任は生じますよね。そのことに対しての考えを話すことはできませんか?」とか、「思い出がないなら、その宝石についてどんなイメージを持っているかお話しいただくことはできますか?」と、一つ一つ提案していきました。するとと彼女は、真剣な表情で「あ、それなら話せます」とか、「では、このようなイメージを持っていますが、それでもいいでしょうか?」と自分のコメントを確認し、承諾してくれて、本番は無事に終わりました。

決して彼女は、〝嫌な人〟ではなかったのです。それどころか、20歳にしてはしっかりした、いい加減なことは言えないという信念のある人でした。

ただ残念ながら、あのときコミュニケーションの取り方があまり上手ではなかったように思うのです。

その質問はダメ、と断る前に、

「なぜ、答えられないのか」

という理由を説明すれば、相手も納得して、「では、聞き方を変えてみよう」とか、「他の方法を考えよう」ということになりますよね。

しかも、ものすごく美形の彼女は、自分が真剣な顔をしたときに、他人にはとても冷たく怖く見える〝怒り顔〟ということにも、気がついていなかったのでしょう。

コミュニケーション能力でブレイクする人、しない人

彼女と対照的に、コミュニケーション能力がずば抜けていて、強烈な印象が残っているのは、深田恭子さんです。

ある年のベストドレッサーに選ばれた深田恭子さんの控室に、メークを終えた頃を見計

らって伺いました。

「本日の司会の庄司麻由里です。20歳になった感想や、ネックレスを贈られた感想、宝石の思い出などを舞台上でインタビューしますのでよろしくお願いします」

と、挨拶したところ、

「はーい！　聞いていまーす！　よろしくお願いしまーす！」

と、明るく答えられました。

そのとき、私はふと、ものすごく凝ったネイルをしている深田さんに気がついて、

「あら、今日のイベントにぴったりのかわいいネイルですね」

と、何気なく言ったのです。

その途端です。なんと深田さんはタタタタッと走ってきて、

「キャー、うれしいっ！」

と、私に抱きついたのです。そして抱きついたまま、満面の笑顔で、

「分かってくれました〜？　今日のイベントのために、ものすごく時間をかけてメークさんにネイルしてもらったんですよ〜、ほら見て見て〜」

と、目の前で手をひらひらさせるのです。

そのかわいいことといったら、もうもう……！

女性なのにキューピッドの矢でハートを射ぬかれたような感覚に陥りました。一瞬にしておばさんの心をわしづかみです。

しかも、このとき、彼女は「今日のイベントのために、ものすごく時間をかけてメークさんにネイルしてもらったんですよ～」と言っています。

たったその一言で、その場にいた主催者は、

「深田さんは、わざわざものすごく時間をかけて宝石の形を施したネイルにして、このイベントを盛り上げようとしてくれている」

と、感激したでしょうし、またネイルをしたメークさんも、

「こんなに喜んでくれているのだから、大変だったけど凝ったネイルにしてよかった」と、労をねぎらわれた気持ちになったことでしょう。

20歳の彼女の、無邪気な行動と発言が、その場にいた大人全員を幸せな気持ちにしたのです。

言うのとでは、大違いです。

心底「しまった」と思っているような相手には、人は、それ以上怒ったり叱ったりは、普通はしないものです。

これは何も叱られるときだけではありません。

感謝の言葉を口にするときに、ある人はほとんど表情を変えずに「ありがとうございます」と言い、別なある人はうれしそうな表情で「ありがとうございます！」と言ったら、人はどちらを好ましいと思うでしょう。

「トラブルが起きました、すぐに来てください」と、ほとんど表情を変えずに言うのと、とても困った表情を浮かべて言うのでは、人はどちらの方にまず駆けつけるでしょうか？

自分がつらいとき、精神的に追い詰められているようなときにも、**言葉とともに、表情でサインを出してください。**

「相手が追い詰められていることに気がつかず、ますます追い込んでしまった」などという悲劇的なことが起こってからでは遅いのです。

理職の自分がやらざるを得ないし、もう指導は諦めています」などという話もよく聞きます。

昨今の風潮から、このように上司はパワハラを恐れて、怒鳴りつけるというようなことは少なくなるかもしれません。

しかし、相手が取引先やお客さまの場合はどうでしょう？

あなたに何か不手際があって謝罪したとしても、その気持ちが相手に伝わらなければ、それは謝ったことにはなりません。

それどころか、相手の気持ちをますます損ねて、状況が悪くなることもあるでしょう。

そんなとき、相手に対して「クレーマーだ！」「キレる中年だ！」と、腹を立てる前に、一度自分の謝罪の気持ちが、ちゃんと相手に伝わっているかどうかを確かめてみてください。

同じ「すみません」という言葉でも、無表情で「すみません（シラッ）」と言うのと、すまないことをしたという気持ちを表情に出し、顔をゆがませて「すみませんっっ！」と

断然1位の「言ってる意味、分かる？」

若者の間では、とてもネガティブな意味で使われるのですが、本当に上司は部下を侮辱しているのでしょうか。

もしかしたら上司は、本当にただ確認しているだけかもしれないのです。

いくら説明しても、いくら叱ってみても、相手の表情が変わらないので、相手のリアクションが薄いので、ついつい心配になって「俺の言っている意味、分かるか？」と、聞いているだけなのです。

このこと一つとっても、年配の上司と若い部下の間で、何とも情けないコミュニケーション不足が生じていることを物語っています。

講演先の企業の担当者から、「下手に怒鳴りつけようものなら『パワハラだ！』と訴えられかねないので、部下にどう接したらよいのか分からない」と相談を受けたり、「叱ったり怒ったりは、うかつにはできないし、また若い人には残業もさせられないので中間管

芸能界には美しい人、かわいい人は、それこそたくさんいます。その中でスターになっていく人には、やはり「人を引きつけるオーラ」のようなものを感じます。

深田恭子さんは、とても美しくかわいくて、しかもあの天性のずば抜けたコミュニケーション能力を持ち、話し方のセンスも抜群なのですから、一度会った人は皆、彼女のとりこになっていくのは当然ですよね。

彼女があれからトップ女優の一人として、ずっと第一線で活躍中なのは、今さら私が書かなくても皆さんご存じの通りです。

会社の広報に「仕事のできる美人」はいらない

私たち番組のスタッフが企業に取材に行くとき、まずお会いするのは、広報担当者です。

今まで数えきれない広報担当者とお会いしてきました。

多くの企業が、広報担当は「会社の顔」と考えるからでしょうか、女性のしかも美人で、「仕事ができる」という自負を持った人が多いです。

ところが、このいわゆる「仕事のできる美人」というのは往々にして、感情が表情に出ない人が多いのです。

そして、この広報担当者のコミュニケーション能力と、話し方のセンスにより、場合によっては何千万円という損害を会社に被らせていることがあるのです。


「今、注目の通販会社をのぞいてみよう」というテーマで取材したときのことです。

巨大な倉庫や物流システム、カタログづくりの工程などを取材しに、まずはファッションアイテムを扱っている通販会社Ａに取材に伺いました。

さすがアパレル関係の会社だけあって、広報担当者は上から下まで隙のない最先端ファッションに身を包んだ、いかにも仕事ができるという雰囲気を漂わせた、きれいな若い女性でした。

その人の案内に従い、会社の中を一通り見せていただいてから、撮影を始めました。

ところが、要所要所で、彼女はハキハキと、「あ、ここは撮影禁止です」と言うのです。ならばと、別の場所にカメラを向けても、「あ、ここもダメです」「こちらも無理です」を連発します。

なぜダメなのかを聞いても、

「弊社では、ここは撮影禁止と決まっております」とか「上司から言われておりますので、申し訳ございません」と、表情ひとつ変えずにサラッとおっしゃるばかりです。

こちらとしては、なぜいけないのかさっぱり分かりません。

そして、「こちらは撮影していいです」「ここを撮ってください」と、指定するのですが、彼女が「撮影してくれ」という場所は、番組取材班としては興味をそそられるところではないのです。

残念ながら、私たちが面白いと思うところはほとんど撮影できませんでした。

相手を嫌な気持ちにさせるのか、納得させるのか、大きな分かれ道は「断り方」次第

次に向かったのは、雑貨を扱っている通販会社Bでした。

こちらも広報担当者は若い女性でした。

やはり、私たちの要望に対して、撮影できる場所とできない場所を会社の方針として伝えるのですが、この人は、「あ〜、申し訳ございません。ここは撮らないでいただけますかぁ〜、ごめんなさい」とか、「あぁ〜ここも無理なんです〜……。す、すみません……」と、実に申し訳なさそうに、困り果てたといった表情でおっしゃるのです。

そして、こちらの「なぜダメなのか？」の質問に対しては、「はい、実はここに並んでいるのは、まだ発売前の商品ですので、他社さんに見られたくないんです」とか、「あ、実はわが社のカタログをつくる上でのポイントが、写真を撮るときのライトの当て方でして、その独自のノウハウを同業他社さんに見られてしまうのは、ちょっと困るんです。本当にごめんなさい……」と、ダメな理由を説明してくれました。

すると、こちらとしては、「あ、私たちは巨大な倉庫の様子を撮影したいだけなので、そういうことなら、もう発売している、映してもいい商品が並んでいる同じような棚はありませんか？」とか、「ではこの特殊なライトは映らないような角度で撮影しますが、いかがですか？　また、カタログをつくる工程で、ほかに取材できるところはありませんか？」と代替案を提案することができました。

それに対して、広報担当者の彼女も、「では、こちらの棚なら、映してくださって結構です。また、社内の3階の廊下が吹き抜けになっていますから、そこからだったら広い倉庫全体が撮影できますよ」とか、「あ、この角度ならライトは分からないので、撮影してくださっていいです」などと対応してくれます。

さらには、「この後『お客さまからのアイデアを商品化する企画会議』が開かれるんですけど、その様子がちょっと面白いんですよ。そちらを取材していただくというのはどうでしょう？」と、いうことになり、当初こちらが考えていたよりもずっと面白い場面が撮影できました。

こうなると、当然のことながら、番組の中ではB社の紹介のVTRの時間が長くなり、それに対してA社は「ほかにもこんな会社がありました」というような、ごく短い扱いになってしまいました。

どちらの会社も、年間何千万円、何億円という単位の宣伝費を使い、テレビのコマーシャルも流しています。

ですがこのときには、広報担当者の対応の仕方ひとつで、宣伝費に換算すると何千万円の単位で差がついてしまったのです。

実際にオンエアの後、B社の広報担当者からは、「ありがとうございました！　おかげさまでネットの検索キーワードも急上昇ですし、お客さまからもお問い合わせが殺到して、うれしい悲鳴をあげています」というお礼の電話をいただきました。

広報担当者に限らず、仕事をしていく上で、「できないことはできない」と断らなくてはならないことは、多々あるでしょう。

しかし、相手にとって、何事においても「他人に依頼して断られる」ということは、面白くないことです。

ただし、相手をただ嫌な気持ちにさせるのと、相手に納得してもらうのとでは大違い。あなたの断り方ひとつにかかっています。ただ断るだけなら誰でもできます。

でも、結論だけ言うのではなく、必ずその理由も伝えなければ、相手は納得できません。ぜひ、その理由、事情を話してみてください。

ただやみくもに「ダメです」「無理です」「できません」と断るのではなく、**「なぜダメなのか」「なぜできないのか」の理由を話すのです。**

腹を割って事情を話すことで、相手を納得させ、折り合いをつけて、もっといい形にすることだってできます。

相手に嫌な印象を与えるより、相手を納得させる努力をして、いい関係を築いた方が絶対得なのです。

第5章 プレゼンモードで話せ

仕事のできる人の話し方

情報番組でのリポートは究極のプレゼン

私が30年以上のアナウンサー生活の中で、最も多く担当した仕事は、生活情報番組のリポーターです。

生活情報番組とは、衣食住・健康・栄養・旅・グルメなどの情報を、生放送でお伝えする番組です。

例えば、「レンコン」というテーマなら、レンコンはどのような土地で、どんなふうに栽培されていて、どういう栄養が含まれていて、どんな料理法がおいしいか、また上手に保存するにはどうすればいいのか、というようなことを取材してきて、その内容をテレビの生放送で視聴者に説明するのです。

これは、つまり〝レンコンについてプレゼンする〟ということです。

ある意味、究極のプレゼンといえるかもしれません。

だって、「レンコンは、こんなに素晴らしい食材ですよ、もっと食べましょうよ」と、全国のテレビの前の、何十万人何百万人の人を相手に提案するわけですから……。しかも生放送ですから、間違ったことを言ったり、失言をしたりといった失敗は許されませんし、時間も秒単位できっちり守らなければなりません。


そして、やはりなんといっても、それを見た視聴者の反応が重要ですよね。

そのリポート、つまりプレゼンが成功すると、見てくださった人は、

「あら、レンコン食べたくなっちゃった。よし、今日はレンコン買ってきて、夕食は庄司さんが紹介していたレシピの中から料理を作ってみよう！」

と、なります。

そんなふうに、ヨーグルト、アボカド、寒天、もずく、押し麦など、紹介した食材が、その日全国のスーパーで売り切れた、というようなことは、たびたびあります。

そのようなときには本当にうれしくて、スタッフと手を取り合って喜ぶのですが、これ

らの現象が、はっきり数字にもなって表れます。

それが、テレビ関係者が一番恐れる視聴率です。

この視聴率によって、スポンサーはその番組にコマーシャルを打つか打たないか、つまり、ずばりお金を出すか出さないかを決めるわけですから、まさにテレビ局にとっては生命線ともいえる数字ですよね。


この視聴率、私たちには、分刻みの折れ線グラフになって提示されます。

つまり、視聴者がどこでその番組を見始めたか、または見るのをやめてしまったか、というのが一目瞭然なのです。

もちろん視聴率というのは、その日の天候や、同時間帯の他の局の番組によって影響されるものですから、一概に内容のせいだけではないのですが、それでも、自分の担当時間内にグラフが右肩下がりになっていると、つまらないプレゼンをして、視聴者にチャンネルを変えられたような気がして落ち込むものです。

また、実際にそのようなことが続くと番組をクビになります。

一般企業における営業成績みたいなものでしょうか……?

私がリポートするとき、つまりプレゼンするときに心掛けているのは、

いかに聞いている人の注意を引きつけ
分かりやすく説明し
相手を説得するか

ということです。

そしてこの、聞き手を意識したプレゼンモードの話し方は、いわゆる、「受注を受けるための競合他社とのプレゼン」というような場面はもちろん、

上司に報告する
会議で発言する
お客さまに商品やサービスを説明する
営業で商品を売り込む

というような、仕事場での日常会話にも大いに役立ちます。

カメラマンからちょっとコツを教わると、スナップ写真がとてもよく撮れるように、普段の日常会話でもプレゼンモードの話し方をすれば、あなたの話は分かりやすくなり、相手に伝わり、説得力を持ちます。

そして、飛躍的に「仕事のできる人」になることを保証します。

10の情報から3を話せ

私がスタジオでリポートをするとき、いつも心掛けていることがあります。

「スタジオで三つのことを話すには、10の取材をしなければならない」

これは、リポーターを始めたばかりの頃、番組のキャスターだった草野仁さんに最初に教えられたことです。

つまり、スタジオで視聴者に分かりやすく説明するためには、**ありとあらゆる角度から取材して、知識をためたり裏付けをとったりしてこないといけない、**という意味です。

そして、草野さんはこうもおっしゃいました。

「取材してきたもののすべてを話そうと思ってもいけません。10取材して、その中から庄司さんが一番大事だと思う三つを話しなさい。そうでなければ聞いている人には伝わりません」と。

つまり、取材してきたものをあれもこれも話そうとしても、時間には限りがありますから、つい早口になったり、情報も散漫になったりしてしまう。それでは本当に言いたいことが伝わらないし、聞いている人の印象にも残らない、と。

これは何もテレビ番組に限ったことではありません。
例えば、皆さんが新製品の説明をする場合、三つの特徴を説明するためには10の知識が必要ですよね。だからといって10の知識全部を、あれもこれもと説明するより、その中で一番重要な三つの情報をアピールした方が、聞いている人の印象に残ります。

人に何かを訴えるとき、何かを説明するときには、この

「3話すためには10、10話そうと思わないで3」

という法則を思い出してください。

情報を選んで話せ

私は、「社員にプレゼンの基本を教える研修をやってもらいたい」と依頼を受けたとき、次のような架空の商品のプレゼン合戦を、ゲーム形式でやってもらうことがあります。

皆さんは、ある家電メーカーの社員だとします。
家電量販店で、新商品のロボット掃除機のキャンペーンを行うことになりました。
特徴は次の通りです。

《ロボット掃除機「きれいロボ」》

①吸引力は、従来機の3倍で、カーペットについたペットの毛やフローリングの溝のゴミも逃さず取り除く。
②階段を自動で上り下りでき、違う階の部屋も自動で掃除できる業界初の機能を持つ。
③空気清浄機を搭載しており、排気される空気は花粉やさらに微細なPM0・1までも99・9％除去。空気清浄機を搭載しているのは、業界初の機能で、アレルギー・アトピー・ぜんそく研究の世界的権威マイケル・フィリップ医学博士が、アメリカのNASAと共同で開発し、排気の無菌率は証明されている。

④イタリアのフェラーリ社が手掛けたスタイリッシュでおしゃれなデザインで、2019年、工業製品の分野では世界的権威のあるデザイン賞・サローネ・コンパッソ・アワードのグランプリを受賞。
⑤音声認識で操作でき、またスマホで外出先からも遠隔操作できる。
⑥掃除にかかる時間が短く、12畳のリビングの場合15分で掃除を終える。ちなみに、競合他社の機種は30分かかる。
⑦充電時間は10時間、1回の充電で1時間稼働可能。ちなみに競合他社は充電時間が6時間で2時間稼働可能である。
⑧バッテリーは6年交換不要。交換バッテリーは1万円。ちなみに競合他社は2年ごとに1万円のバッテリー交換が必要である。
⑨重量は4キロ。ちなみに競合他社の重量は2キロ。
⑩価格は12万円。ちなみに、競合他社の平均価格は8万円。

さて、この商品を、皆さんならどんなふうにPRするでしょうか?

先に述べたように、この特徴を全部話しても、聞いている人はその特徴を全部覚えられません。

この中から、伝える情報を選ばなくてはならないわけですが、そのときの選び方はどうすればいいのでしょうか？

ターゲットを絞って話せ

まず、最初に考えるのは、「誰に話すのか？」ということです。

「量販店に来ている客」といっても、老若男女さまざまで、興味を持つところも違います。

例えば、特徴②の、「階段を自動で上り下りする機能」は、２階建ての一軒家に住む人にとってはうれしい機能ですが、マンション暮らしの人には不要の機能でしょう。

赤ちゃんのいる若い母親は③の「空気清浄機能付き」という特徴に興味を持つ可能性が高いのに対し、独身のおしゃれな男性にとっては、④の「フェラーリ社のデザイン」に魅力を感じるかもしれません。

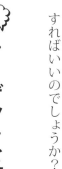

このように、同じ内容についてプレゼンするのにも、例えば上司にプレゼンするにはこの三つ、取引先にはこの三つ、お客さまにはこの三つ、と相手に合わせて、10の情報の中からその相手が一番興味を持ちそうな三つを選んで説明すると、よりプレゼンは成功しやすくなります。

マイナスの情報も話せ

もう一つ、気をつけなくてはならないのは、マイナス情報についてです。

私がスタジオで話すときに、心掛けているのは、

「マイナスの情報も隠さず正直に入れる」

ということです。その方が、信頼性が増す場合があるからです。

ついつい、人はそのテーマについてプレゼンをするとき、プラスの情報ばかり入れよう

とします。でも聞いている人は「本当にそんなにいいことばかりかしら?」と、かえって粗探しをしようとするものです。

例えば、①の「吸引力は従来機の3倍」とか、⑥の「掃除にかかる時間が早い」という特徴を強調したとしても、パンフレットを見て「あら、でも充電時間がとても長くかかるのね、稼働可能時間も短いし」と気づかれたら、お客さんはそちらの事実の方が印象に残ってしまいます。

ならば、最初から、「実はこの機種、充電時間は他社の機種に比べて長くかかりますが、その分パワーが強力で、従来の製品の3倍の吸引力なので、カーペットの毛やフローリングの溝のほこりもきれいに吸い取ります。1回の充電時間に対する稼働可能時間は短いのですが、それは短時間で掃除を終えることができるからです」といった方が、長所が強調できるでしょう。

キャラで話せ

さらに、プレゼンを成功させるポイントは、「誰が話すのか?」ということです。

もちろんあなたが話すのです。だけど、あなたはどんな人でしょう？
その**あなたのキャラで話すのです**。
同じ商品でも、薦められる人によって印象が変わります。
例えば、

「私は整理整頓が苦手で、部屋も散らかっていたんですけど、このロボット掃除機を使うようになって、床に物を置かなくなって部屋がすっきりしました」
「私にも小さな子どもがいるので、部屋の空気のことが気になっていたのですが、このロボット掃除機は、床の汚れだけでなく空気の汚れまで取り除いてくれるので本当に助かっています」
「私は自分でも認める家電オタクなんですが、その私から見ても、このデザインは秀逸です」

など、自分のエピソードや正直な感想を入れた方が、聞いている人の印象に残ります。

仕事で、ある地方都市に行ったときのことです。午前中からの研修だったため、前日に近くのホテルに宿泊しました。

一人で、ホテル内の日本料理店で夕食をとり、支払いをしようとレジに行ったところ、レジ横にそのお店のオリジナル瓶詰めがいくつか並んでいました。

「牡蠣《かき》のオイル煮」「じゃこ山椒」「牛肉の大和煮」「鯛《たい》茶漬け」……

どれもおいしそうで、つい手に取ってみたのですが、瓶詰めにしてはなかなかいいお値段だということに気がつき、棚に戻そうとしました。

そのときです。レジにいた仲居さんがこう言ったのです。

「お酒好きの方には、その『牡蠣のオイル煮』と『鯛茶漬け』がお薦めですよ。ちょっと高いと思われるかもしれませんが、料理長が一つ一つ丁寧に作った手作りで、牡蠣はふっくら濃厚ですし、鯛はゴマだれにつけてあって、とてもおいしいんです。

私はお休みの日、この『牡蠣のオイル煮』をつまみに、とっておきの日本酒を飲んでまったりし、シメに『鯛茶漬け』をいただくのですが、とてもぜいたくな気分が味わえます」

それを聞き、私は迷わず、「牡蠣のオイル煮」と「鯛茶漬け」を買いました。

この仲居さんは、私が女性一人で食事をしたにもかかわらず、その地方の日本酒を頼んだことから「この人は、お酒が好きなのだ」と判断したのでしょう。

そして、「同じくお酒が好きな自分」の感想と、その商品の楽しみ方の具体的なエピソードをさりげなく話すことで、私を買う気にさせたのです。

この仲居さんの観察力とプレゼン能力は、なかなかのものだと思いませんか？

小・中学生にも分かるように話せ

私たちアナウンサーが最初に習うことの一つに、

「小学校5年生から中学生ぐらいに分かるように話すべし」

というのがあります。

かけだしの頃、上司や先輩から、それこそ耳にタコができるぐらい繰り返し言われました。

自分が担当する番組が、夜のニュースだろうと、ビジネスマン対象のお堅い経済番組であろうともです。

つまり、「小学5年生から中学生ぐらいに分かるように説明できなければ、見ている人たちには伝わらない」ということなのですが、これは何もアナウンサーに限ったことではありません。

人に何か分かりやすく説明したいと思ったら、「小学5年生から中学生ぐらいに分かるように話すべし」と心掛けてください。

「ビジネスの場で、そんな子ども相手の話し方なんかできるか！」と思ったそこのあなた、では一つ一つ見ていきましょうね。

業界用語・専門用語は使わない

ちょっとこちらをご覧ください。

「そこのフライパン、わらって！　その鮭はセッシュして八百屋にして!!」

これ、何を言っているか、分かりますか？

「フライパンが笑うってどういうこと？」「なんで鮭が八百屋にあるの？」と、皆さんは思われたでしょう。これはいわゆる業界用語で、テレビや映画関係者が日常的に使っている専門用語です。

「わらう」は「片づける」の意味。「とっぱらう」からきたという説があります。

「八百屋にする」というのは、カメラで撮りやすくするために、映すものの奥側を高くして斜めに置くこと。八百屋さんの店先では商品が見えやすいように、奥が高くディスプレーされていたことからきた言葉です。

それから、「セッシュする」とは、撮影物の下に何かをかませて位置を高くすること。これは戦前の日本が誇るハリウッド俳優・早川雪洲が、アメリカ人に比べて背が低かったため、女優と向かい合うツーショットをバストショットで撮る際、踏み台の上に立ったことからきているそうです。

今ではその言葉の由来を知らないで使っているテレビ関係者も多いでしょう。ですから、この言葉の意味は、「そこのフライパン片づけて！　その鮭は、テレビカメラで映しやすいように、何かをかませて位置を高くして、さらに奥を高く斜めにしてディスプレーしてください」という意味です。

確かに、1分1秒を争う生放送中に、こんなまどろっこしい言い方をされるより、「それ、わらって！」とか「セッシュして八百屋にして！」と言われた方が、テレビ関係者には分かりやすいです。しかし、もしスタジオに一般の人がいらしたら、何のことやらちんぷんかんぷんでしょう。

かのｉモードを世に送り出した松永真理さんは、リクルート社からＮＴＴドコモに転職した際、「ＮＴＴ社内で普通に使われている言葉が、分からなくて苦労した」と、インタビューで答えていらっしゃいます（『読売新聞』２０１７年2月11日朝刊）。

「これはシソウビンでいいですか？」

「これはククで決定してください」

「キョウランしてください」

と言われて、松永さんは「思想瓶？　死相瓶？」「かけ算の九九？」「狂乱？」となってしまったというのですが、皆さんはお分かりになりますか？

正解は、

「使送便」＝　社内便のこと

「区々」＝　それぞれの担当のこと

「供覧」＝　回し読み

だそうです。

こんなふうに、その業界や職種では当たり前の言い回しが、ほかの業界、それどころか部署が違うだけで、さっぱり通じないということがよくあります。

つまり、同じ会社、同じ部署の人たちとだけで話すならともかく、もし違う業界の人たちを迎えてプレゼンするとか、一般の人に向けて自社の新製品について説明する、というような場面で専門用語を使ったら、聞いている人は何のことだか分かりません。

書き言葉は使わない

専門用語でなくとも、聞いただけでは分かりにくい言葉があります。

番組でインタビュー中にも、しばしばこのような言葉が飛び出します。

医療関係者「セッソウがある場合には……」
警察関係者「ひったくり犯にダッシュされたら……」
役所関係者「○○図書館は4月1日からキョウヨウカイシです」

これらの言葉は〝書き言葉〟です。

「切創」「奪取」「供用開始」

つまり、漢字を見ると分かる言葉ですが、その業界以外の人が一度聞いただけでは分かりにくいですよね。

そのようなとき、私はインタビュー相手に「小学5年生から中学生ぐらいの子どもに分かるように話してください」とお願いします。すると皆さん「う～ん……」としばし考えて、

医療関係者「切り傷があるときには……」
警察関係者「ひったくり犯に奪い取られたら……」
役所関係者「○○図書館は4月1日から使えます」

などと、言い換えてくださいます。

人に説明するときは、〝書き言葉〟ではなく〝話し言葉〟を使うように心掛けます。

カタカナ語は使わない

もう一つ、分かりにくい言葉といえばカタカナ語です。

私はカタカナ語が大の苦手です。

某有名大学の教授が、

「1970年代後半にアマチュアイズムからビジネスイズムへのドラスティックなパラダイムシフトが起きて、一気にスポーツの価値が増した」と解説していたのですが、何のことやらさっぱり分かりませんでした。

でもそのような人は、何も私だけではないと思うのです。

先日放送されていたドラマの中に、こんなシーンがありました。

小澤征悦さん演じるイベント会社の社員が、

「あいつはガバナンス能力に欠ける」

「君にはアルゴリズムがない！」

「そこはインクルージョンでよろしく」

などと、小難しいカタカナのビジネス語を多用して、部下に指示を出すのですが、部下は何を言われているのか分からず、いちいち言葉の意味をネット検索しなければなりません。

そして、陰でその上司のことを、「あの人は仕事ができるふりをしているけれど、見かけ倒しだ」とか「プライドばかり高くて中身がない」などと噂しているのです。

このドラマを見て、「うちの会社にも、こんな人いるいる！」と、溜飲を下げた人も多いのではないでしょうか？

カタカナ語を使って、相手を煙に巻いたり、自分としては何となく新しいことを言っているつもりが、他人からは「あの人の話は、中身がなくて薄っぺらだ」と、思われているかもしれません。

自分が理解して話さなければ相手には伝わらない

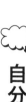

つまり、これらのことをまとめて、社外の人や違う業界の人に、何かを分かりやすく説明したり、話の内容をきちんと伝えたりしたいと思ったら、「小学5年生から中学生ぐらいの子どもに分かるように話すべし」と心掛けることが重要だということが、お分かりいただけたでしょうか？

そして、実際にやってみようと思うと、気がつくはずです。

「専門用語」にしても、「書き言葉」にしても、「カタカナ語」にしても、「小学5年生から中学生ぐらいの子どもに分かるように言い換える」というのは、実はなかなか難しい作業なのです。

その言葉の意味や、話の趣旨が、自分ではっきりと分かっていなければ、言い換えることはできません。

でも、自分が本当に理解していないことが、相手に伝わるわけはないのです。

以前、経済番組を担当していたとき、「最近伸びている業種」というテーマで、「メーカーと業務提携をして営業活動だけを請け負う会社」について取材したことがあります。

あるビジネスソフトの開発メーカーが、自社の人だけで営業を行うとまったく売れないのに、その営業請負会社の人と一緒に回ると注文が取れるというので、実際にその営業活動に同行して、その様子を取材させてもらいました。

すると、そのメーカーの担当者の営業トークは、そのソフトがいかに画期的なものかを説明するために、ついつい専門的でマニアックな話になりがちで、相手の人にも、横で聞いている私たちにも、そのソフトがいかにすごいものなのか、さっぱり分かりませんでした。ところが、その〝営業だけを請け負う会社〟の担当者は「このソフトを使えば、今までに比べてこんなに便利になる、業務がスムーズに進む」ということを分かりやすく説明したので、なるほどそのソフトが画期的なものだということが伝わり、商談は成立しました。

この商品のたくさんある特徴の中で、相手が一番興味を持つところはどこか？　ということを的確に選び、それを分かりやすい説明で相手に伝えることこそが、プレゼンモードの話し方の基本です。

声にパワーをつけて話せ

前章で、第一印象をよくするには「大きな声で話せ」と書きました。

しかし、プレゼンやスピーチなど、1人で大勢の人に話す場合は、さらにもう一段階上げて、より声にパワーが必要になります。

マイクを使うとしても、です。

よくイベント会場とか空港などで、混雑する人たちを、係員が拡声器を使って誘導している場に遭遇しますが、あの拡声器の声、ワーワーガーと、ほとんど聞き取れないことの方が多くないですか？

あれは、拡声器を使っている人が怒鳴っていたり、声を張り上げていて、声が割れてしまっているからです。

1人で、大勢の人に向かって話す場合、内容をきちんと伝えるために必要なのは、です。

声量ある通る声

この〝声量ある通る声〟というのは、決して怒鳴ったり、声を張り上げたりして出るものではありません。

俳優養成所やアナウンサー養成学校などでは、腹式呼吸をしてお腹から声を出すことや、腹筋運動をしながら「あ・え・い・う・え・お・あ・お」と声を出したり、「青巻紙・赤巻紙・黄巻紙」などと早口言葉で滑舌をよくする訓練を何カ月も受けます。

けれども、話すことが本職でない人たちに、そのような訓練をしましょうといってもあまり現実的ではありませんよね。

そこで、私がお勧めするのは、毎朝5分のトレーニングです。

例えば、新聞のコラムを大きな声を出して読んでください。通常の記事と違って、筆者の主観も入っているので読みやすいです。

朝日新聞なら「天声人語」、読売新聞なら「編集手帳」など、大体どの新聞にもコラム欄はあるでしょう。文章もそんなに長くなく、また毎朝届く新聞のコラム欄なら習慣にもしやすいでしょう。

「新聞を取っていない」という人は、ネットニュースのコラムでも構いません。


小学生のときのことを思い出してみましょう。

国語の授業のときに、教室でみんなの前で教科書を音読しましたよね？　そのとき、先生に「大きな声で、ハキハキと読みましょう」と、言われたはずです。

そう、まずは**「大きな声で」「ハキハキと」**を、心掛けてください。

ところが、これがなかなか難しいのです。慣れていない人は、最初はつっかえて、スラスラ読むことができないでしょう。また、大きな声で読むと、息切れするような感覚になります。不思議なことに、声を出して読むと、内容も頭に入ってきません。

しかし、とにかく1週間続けてみてください。

まず、内容が頭に入ってくるようになります。そして、息切れしないよう、自然とお腹から声が出るようになります。だんだんスムーズに、大きな声で読めるようになることを感じてきます。

ここまできたらもう一歩進めて、そのコラムの内容を、誰かに読んで聞かせてあげるような気持ちで、声を出してください。

誰かに内容を伝えようと思うと、おのずと、

「どの文章を強調すればいいだろうか？」

「どの言葉を立てて読めばいいだろうか？」

ということを、考えるようになります。

毎朝、たった5分でいいのです。

新聞に目を通すついでいいのです。

家族がいる場合、最初は気恥ずかしいかもしれません。でも、効果は絶大です。

声量のある通る声は、説得力を持ちます。
滑舌がいいと、相手に分かりやすく伝わります。

もし内容が同じだとしても、声にパワーのある方が、プレゼンの成功率は飛躍的に上がることを保証します。

第 6 章

準備で話せ

下手くそなスピーチで損をする人

大勢の人の前で話すときのテクニック

この章では、大勢の人の前で話すときのテクニックについてご説明します。

例えば、自分の会社の新商品発表会などで、責任ある立場として挨拶したり、また、取引先の企業のパーティーや祝賀会、知人の結婚披露宴などでスピーチを頼まれることもあるでしょう。

これはある意味、あなた自身のパーソナリティーをプレゼンするのです。

人の心に残る話をして、その場にいる大勢の人たちにいい印象を与えるのと、つまらない話をして評判を落とすのとでは大違いです。

たった一言の失言で、やっと手に入れた地位から転がり落ちる政治家

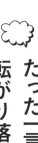

この仕事をしていて、常々思うのは、「どうしてあんなに政治家には失言が多いのだろう」ということです。

たった一言の失言が、その政治家生命をも脅かす事態になることを、いつの時代も私たちは目の当たりにしてきました。

ここ2～3年だけでも、

「米国は黒人が大統領。これは奴隷」（丸山和也参院議員）

「熊本地震は大変タイミングのいい地震」（片山虎之助　おおさか維新の会共同代表）

「防衛費は人を殺すための予算」（藤野保史共産党政策委員長）

「賭けないでマージャンをする人が何％いるのか」（福岡県飯塚市の齊藤守史市長）

「長靴業界はもうかったんじゃないか」（務台俊介復興政務官）

「東日本大震災が東北でよかった」（今村雅弘復興大臣）

「学芸員はがん」（山本幸三地方創生相）

「がん患者は働かなくていいのではないか」（大西英男衆院議員）

「セクハラ罪という罪はない」（麻生太郎副総理兼財務相）

「総理や副総理が言えないから、私がそんたくした」（塚田一郎国土交通副大臣）
「復興以上に大事なのは○×議員だ」（桜田義孝五輪相）
＊括弧内の肩書きは発言当時

などなど、枚挙にいとまがありません。


アメリカのトランプ大統領は「メキシコとの国境に壁をつくる」とか「メキシコ移民は強姦魔」など、とんでもない発言を繰り返して、アメリカの大統領になりました。

しかし、彼のあの発言は、「暴言」ではあっても「失言」ではありません。

なぜなら、どんなに批判されても発言を翻すことがなかったからです。

つまり、内容の善しあしは別として、トランプ大統領の信念に基づいて、さらには彼なりの計算したパフォーマンスとしての発言でしたから、あれは「失言」ではないのです。


ところが日本の政治家の場合は違います。

ほとんどの場合、批判されるとすぐにうろたえて「真意ではなかった」「取り消します」「誤解を生んだようで陳謝します」と釈明します。

だったら、言わなきゃいいのに……と思いますよね。

なぜ、政治家は失言が多いのか？

ではなぜ、政治家はあのように失言が多いのでしょうか？

もちろん、「本音が出てしまった」というような、「そもそもその考え方は、人としてどうなんだ」という、政治家としての資質の問題が一番です。

ただ中には、いくらでも防ぐことができたのに、という失言もあります。

なのに、懲りずに繰り返し失言してしまうのは、この三つがないからです。

- **準備**
- **想像力**
- **緊張**

実は、公の場で話すときには、この三つがとても大切なことなのです。

そして、これは、何も政治家だけではなく、皆さんが人前で話すときも同じことです。

少し古い話で恐縮ですが、とても分かりやすい例なので、２０１６年の東京都知事選のときのエピソードを例にお話ししたいと思います。

あの選挙は、実質、小池百合子さんと、自民党が推薦した元岩手県知事の増田寛也さんの一騎打ちでした。

私は、保守派でも革新派でもありません。いわゆる無党派層です。

その私が、あの選挙期間中、「増田寛也さんほどお気の毒な候補者はいないな」と、思っておりました。なぜなら……。

時の自民党東京都連会長、石原伸晃氏は「自民党の候補者以外を応援したら一族郎党処罰する」と、お触れまで出して、自民党一丸となって増田さんを応援する、としました。

その石原伸晃氏、増田寛也さんの応援演説でこう叫んだのです！

「なにとぞ、増田たくやさんを皆さまのお力で！」

？？？　増田ひろやさんです……。

石原伸晃氏だけではありませんでした。

連日、入れ代わり立ち代わり応援演説に駆けつけた自民党の人たちは、そろいもそろって、

「増田ひろみさん！」

「増田ゆうやさん！」

「増田たかやさん！」

あげくの果てに「町田さん！」と苗字まで間違う人が出てくる始末……。

その横で当のご本人は、困ったような苦笑を浮かべて、

「増田ひろや、ひろやです……」

と小声でささやいているのが、連日テレビのニュースに映りました。

生徒会長を決める投票をする中学生でも知っています。

応援演説というのは、「この人がいかにその役職にふさわしいのか」ということを、聞いている人たちに伝えることが目的ですよね。

ところが、いくら素晴らしい褒め言葉を並べ立てても、名前を間違えた時点で、「私はこの人のことをまったく知りません！　名前すら知らない、今まで会ったこともない人です！」と、叫んでいるのと同じですから、そんな人の言葉に、まったく説得力はありませんよね。

つまり応援演説に来る人たちは、「応援する人の名前を調べる、名前を覚える」という準備すら、してこないから、こんな間抜けな、馬鹿げたことになるのです。

かわいそうな増田さん、このままではいけないと、こんな作戦に打って出ました。

「ますます増田、ひろげて寛也」というキャッチフレーズを、選挙スタッフと一緒に唱えて、まずは名前を覚えてもらおうとしたのです。

この涙ぐましい努力のおかげで、やっと名前を選挙民に覚えてもらい、

「さぁ、ここから巻き返し！」となった選挙終盤です。

今度は石原伸晃氏のお父さん、石原慎太郎元都知事にとどめを刺されました。

これは、覚えていらっしゃる人も多いことでしょう。

応援演説にやってきた石原慎太郎元都知事が、対抗馬の小池百合子さんのことを「大年増の厚化粧がいる」「厚化粧の女に（都政は）任せるわけにはいかない」と、言い放ったんですね。

ちょっと想像してみれば、分かるはずです。

有権者の2人に1人は女性。

そして、その女性の半分以上は、私のような「年増のおばさん」です。

「ええ、ええ、はいはい、私も確かに厚化粧ですよ。悪うございました！」と、有権者の半分の、その半分以上が、「カチン」とする言葉を使えば、損こそあれ、得することなど一つもないのは明らかなのに、どうしてこんな失言をしてしまうのでしょう。

それは、石原慎太郎元都知事が、目の前の人に対して、安易にウケを狙ったからです。

しかし、ウケるどころかどん引き、という最悪の事態となりました。

こうして増田寛也候補者は、味方陣営から足を引っ張りまくられたのです。

選挙の結果は、皆さんご存じの通りです。

それにしても東京都知事選に大勝した小池百合子さん。今度はその翌年の衆議院選挙で、ご自身の「排除します」というきつい物言いが、有権者にどんな印象を与えるか想像力がなかったのは皮肉なことです。

スピーチは必ず文章にする

しかし、この政治家たちを笑ってはいられないのです。

私は職業柄、結婚披露宴の司会をすることが多いのですが、スピーチで新郎、新婦の名前を間違える人が多いのに驚かされます。

一つの結婚披露宴に、1人はいらっしゃるのではないでしょうか?

かくいう私も、自分の結婚披露宴で「新婦のまゆみさん」と、名前を間違えられました。

スピーチをしてくださったのは、大変有名な企業の社長さんでしたが、正直今でも思い出すと、苦笑してしまいます。

また、結婚披露宴に限らず、式典や祝賀会、企業のパーティー等でも、ぼそぼそと聞き取りにくいのに、やたらと挨拶が長く、聞いている人たちが退屈しているのに気がつかない人も必ずいます。

あげくに、まわりがしらけていることに気がついて、慌ててウケを狙って、つまらない冗談を言って、ますますどっちらけ……。

もうこうなると、目を覆わんばかりの惨状です。

こんな損なことはありません。

だって、忙しい中わざわざ出席してスピーチまでしたのに、その場にいた人たちに悪い印象をまきちらすことになってしまうのですから……。

これらは、ちゃんと**準備**を、していないからです。

つまり、「なんとなくこんな話をしようかな〜〜〜」というようなぼんやりしたことを頭の中で考えても、「構成を立ててみる」とか、「その話の内容を文章にしてみる」といったことをしていないのです。

ましてや、「ちょっと練習してみる」とか「時間を計ってみる」というようなことをする人はほとんどいません。

素人ほど「ええい！　ぶっつけ本番だ！」となりがちですが、それでは絶対にうまくいきません。

「ウケを狙って冗談を言う」など、もってのほかです。

だってお笑い芸人は、漫才で笑いをとるためにものすごく準備をしています。ネタを練りに練って、何度も何度も練習して、それでもお客さんにウケるかウケないか分からないのに、素人が思いつきでウケを狙って発言するなど〝100年早い！〟と言わざるを得ません。

まず、私がお勧めしたいのは、

「自分が話す内容を文章に書いてみる」

ということです。

箇条書きではなく、ちゃんと文章にしてください。

もし、どうしても冗談を言いたいなら、それも文章にしてみてください。

そして、時間を計るのです。

そのとき、黙読ではダメです。

ブツブツと小さな声でもダメです。

ちゃんと**本番通り、ハキハキと大きな声で読んでみてください。**

すると意外に時間がかかることに気がつくはずです。

話すことになれていない人はハキハキと大きな声で話すと、だいたい黙読の3倍、ブツブツ小さな声で読むときの1・5〜2倍は時間がかかります。

これは大変な差です。つまり自分では3分スピーチをしているつもりが、6〜9分ダラダラと話していることになります。

へたくそな人のスピーチを9分も聞かされるのは拷問です。

想像力を働かせて話せ

そして、文章にしてみるとおのずと想像力が生まれます。

「この言葉遣いで適切だろうか」

「この文章で言いたいことがきちんと伝わるだろうか？」

「聞いている人が嫌な気持ちにならないか？」


前アメリカ大統領のオバマさんは、スピーチが素晴らしく上手なことで知られていました。プラハでの核廃絶に関する演説などでノーベル平和賞を受賞しています。

その成功の訳は、「オバマ大統領はスピーチをするときに準備を怠らず、想像力を働かせているからだ」ということが、２０１６年の広島でのスピーチで証明されました。

あの広島平和公園での17分のスピーチの原稿は、オバマ大統領自身が書いたものだということを、当時ホワイトハウスのローズ大統領副補佐官が、ブログに手書きの原稿の写真を載せて強調していました。

もちろん実際は、大統領ひとりではなくチームで推敲を重ねたものでしょうが、私がここで一番驚いたのは、その大統領の筆跡の手書きの原稿に所々、線が引かれて訂正されていたことです。

例えば、「人類が自らを破滅に導く能力を手にした」を「人類が自らを破滅に導く手段を手にした」と「能力」の部分を「手段」に書き換えた跡がありました。

確かに「能力」という言葉だと「優れたもの、いいもの」という印象があります。しかし「人類が自らを破滅に導くもの」なわけですから、ここでは「能力」ではなく「手段」という言葉の方が適していると考えたのでしょう。

こんなふうに、直前まで、単語一つ、言葉遣い一つにものすごく神経を使い、想像力を働かせていることが分かります。

オバマ大統領は、ここまで念入りに準備したからこそ、全世界の人を言葉で動かしたのでしょう。

緊張して話せ

そして、もう一つ大切なのは**「緊張」**です。

アナウンサーという仕事をしていると、「人前で緊張せずに話すには、どうすればいいのでしょうか？」という相談をよく受けます。

そんなとき、私は決まってこう答えています。

「人前で話すときに緊張するのは当たり前です。いえ、緊張しなければいけません」と。

それはなぜでしょう？

公の場で話すときには、話しながら常に頭の中ではいろいろなことを考えなくてはならないからです。

＊自分の話の内容は、これでいいのか？

＊失言をしていないか？
＊話している内容が、聞いている人たちに正しく伝わっているか？
＊声の大きさ、表情は適切か？
＊聞いている人の反応はどうか？
＊与えられた時間内に収まっているか？

このようにさまざまなことを、話しながら同時に頭の中で考え、確認し、冷静に判断しなければならないので「緊張」が必要なのです。

頭の中に入れて話せ

講演会や研修で、このように**「話す内容を文章に書いて準備をしてください」**と申

し上げると、必ず、

「それでは、書いてあることを読み上げることになってしまう。スピーチは、できるだけ手元を見ないで覚えて話す方がいいのではないか?」

という質問を受けます。

この質問には、そもそもいくつか誤解があります。

まず、「話す内容を文章にしてみる」ということは、「実際にスピーチするときに手元の原稿を読み上げる」ということではないのです。

手書きだろうがパソコンだろうが、

「何を話そうか?」とテーマを考え、

「どの順番で話そうか?」と構成を考え、

「この言葉で言いたいことは伝わるだろうか?」と想像力を働かせて推敲を重ね、文章をつくった時点で、あなたの頭の中には、もうある程度、原稿が入っています。

しかも、時間を計るために何回か大きな声で読み上げることで、練習になります。

つまり、本番はもう原稿を見なくても、話すことができるでしょう。

「それでも覚えられない」という人。

それは「覚えよう」という行為自体が、間違っているからです。

原稿を一字一句間違えないように覚えることは、役者でもない限り無理というものです。

乱暴な言い方をすれば、本番では少々〝てにをは〟を間違えようとも、話す順番が逆になってしまおうとも、構わないのです。

準備さえきちんとしたならば、あなたが本当に話したいことは伝わります。

さらに蛇足を承知で、もう一つ付け加えるならば、

「とにかく、原稿を見ないで話さなければ」と、「あ〜、それで○○でして……。え〜、そして○○でして……。う〜、……」と、言葉を絞り出すような話し方をするくらいなら、手元の原稿を、心を込めて朗読した方がずっとましです。

その方が、聞いている人には伝わります。

言葉を大切にして話せ

日本の政治家の中にも「人の前で演説するのに、予習して行くのは当たり前、予習しないで行く人がいるんですか？」と言った人がいます。

今、若手政治家の中では断トツの人気を誇る小泉進次郎さんです。

彼の人気の要因は、サラブレッドという育ちのよさや、さわやかでイケメンなルックスにもあるでしょうが、やはりあの演説力が人を引きつけているのでしょう。

冒頭の発言は、選挙特番で池上彰さんが、小泉さんの演説についてインタビューをした場面でのやり取りです。

池上さんの分析によると、小泉進次郎さんの演説は、

① 「どこそこの皆さん、こんにちは」というように、必ず地名を入れる

② その地域の予習をして行き、必ずその地域ならではの話題を入れる
③ 方言を使う
④ 自民党批判を入れる
などの特徴があるとのことでした。

この分析に基づき、池上さんが「進次郎さんは、必ず行く地域の、予習をして行くんですね？」と質問したところ、彼は、「人の前で演説するのに、予習しないで行く人がいるんですか？」と驚いて見せましたが、池上さんは、「いやそれが、予習をしないで行く人がとても多いんです」と答えていらっしゃいました。

小泉進次郎さんは「予習」という言葉を使いましたが、まさに私が申し上げるところの〝準備〟ということです。

言葉遣いに厳しかった小泉家

さらに、池上さんの「進次郎さんは、演説にその土地の方言をよく使うが、あれはあざ

といのではないか？」という、ちょっと意地悪な質問に対し、進次郎さんは「まずは、足を止めて聞いてもらうことが先決です。そして、1分でいいことを言っても、テレビでは放送してくれない、10秒で言わないと……」と答えました。

これは何も、「放送される、されない」という問題に限らず、人に分かりやすくメッセージを伝えるには、長々聞かないと分からない言葉を使うのではなく、短い印象に残る言葉を使うということです。

これはもう言わずと知れた、小泉進次郎さんのお父さんである小泉純一郎さんの得意技でしたね。


「改革に終わりなし」

「構造改革なくして景気回復はない」

「痛みに耐えてよくがんばった！　感動した！　おめでとう！」

などは、〝小泉語録〟として有名ですが、

「人生いろいろ、会社もいろいろ、社員もいろいろ」

「人生には上り坂、下り坂、そして『まさか』の坂がある」
「『勝ち組』『負け組』はいいけれど、『待ち組』は問題」
などという言葉は、もはやコピーライター顔負けですね。

特に「自民党をぶっ壊す！」というフレーズは、「サウンドバイト」と呼ばれる、政治家が演説やインタビューにおいて、内容を印象づけるためにメディアに引用される短い言葉として多用されました。

この「サウンドバイト」とは、アメリカではだいぶ前から重要視されていて、リンカーン大統領の「人民の、人民による、人民のための政治」とか、ケネディ大統領の「国が何をしてくれるかより、国のために何ができるかを考えるべきである」、そして、オバマ大統領の「イエス・ウィー・キャン（Yes we can）」などが有名です。

このように、〝言葉が持つ力〟を知っている小泉純一郎さんは、言葉を大切にする教育を自ら実践していたようです。

小泉進次郎さんの兄でタレントの小泉孝太郎さんが、『はなまるマーケット』というテレビ番組のトークコーナーで、子どもの頃の父親像について語っていました。

政治家として忙しく、なかなか家で一緒に食事を取れなかった純一郎氏が、毎日必ず夕食前の決まった時間に電話をしてきて、その日学校であったことを聞いてくれたことや、ちょっと時間が空くと、映画に連れて行ってくれ、銀座でパフェを食べさせてくれたことなど、ほほえましいエピソードが紹介されましたが、私が「あぁ、やはりさすがだな……」と思ったのは、「父は言葉遣いに、ものすごく厳しかった」という話でした。


小学校低学年の孝太郎さん、進次郎さんが、「このアイスクリーム、すごいおいしいね！」と言うと「〝すごいおいしい〟ではない。〝すごくおいしい〟が正しい」とか「『カレーでいいです』とは大変失礼な言い方です。『カレーがいいです』と言い直しなさい」などと、とても細かいところまで注意されたといいます。

こんなふうに、まだ幼いうちから言葉を大切にして、正確に使うことを教え込まれたからこそ、孝太郎さんは、俳優という表現者に、そして進次郎さんは、言葉で民衆を動かす政治家として活躍しているのでしょう。

有名弁護士が放った耳を疑う一言

もう10年以上前になりますが、ある大物弁護士にインタビューしたことがあります。その人は所属する弁護士会の中でも重責を担う地位にあり、またその頃マスコミにも〝人権派〟として、よく出ていました。

そのときの特集は「人生の中で、思わぬトラブルに巻きこまれたとき、どうすればいいのか？」というテーマでした。

もちろん事前に取材の意図は伝えてありました。

収録が始まり、私がその弁護士に、「知り合いに弁護士さんがいなかったとき、どうやって弁護士を探して、依頼したらいいのでしょうか？」と、質問したときです。

その大物弁護士は、「弁護士だって人の子です。どこの馬の骨とも分からない人の弁護はしたくありませんから、やはり、つてを探して誰かに紹介してもらうといいでしょう」と答えました。

私は耳を疑いました。

まがりなりにも「人権派」を名乗っている人が、依頼人をいきなり「どこの馬の骨とも分からない人」というのですから……。

さらに、「弁護士と信頼関係を築くには？」という質問に対しては、「それは、やはり一番簡単な方法は贈り物をすることですね」と平然とおっしゃるではありませんか！　唖然とする私に続けて言いました。

「とはいっても間違えてはいけませんよ。お中元やお歳暮のときは、弁護士の家には贈り物が、それこそ山のように届くから、誰が何を送ってきたのか印象に残らない。ですが、例えば子どもの誕生日とか、妻との記念日などを調べて贈り物をしてくる人は、こちらもとても印象に残ります。ハハハハハ……」と、本気とも冗談とも分からない口調で笑い飛ばしました。

私は内心大変憤慨し、その弁護士事務所を出たところでディレクターに、「あの人は、カメラが回っているインタビューに自分で答えたのだから、あのまま放送してやりましょうよ！　あの有名弁護士は、実はああいう傲慢な、感じの悪い人だというのを世間に知らしめてやりましょうよ！」と意気込んだのですが、担当ディレクターは「それは番組の趣旨と全然違うから……、あの弁護士を断罪する番組じゃないし、別にあれで悪徳弁護士ってわけでもないし……」と、苦笑するばかり……。

あの弁護士へのインタビューで私が覚えていることはそのことだけです。

もちろん、そのことだけしか話してなかったら、番組は成立しないですから、ほかにも「自治体の無料法律相談を上手に利用しよう」とか「地元の弁護士会に、相談してみよう」などといったアドバイスもされたはずですが、私は、一切覚えていません。

しかし、冒頭にあるやり取りだけは、10年以上たった今でもはっきり覚えています。

いくらあの弁護士が「人権派」を名乗ろうと、あのような言葉の選び方をした時点で、「この人は、人を見下す人だな」ということが分かります。

贈り物に関しては、もしあれが仮に冗談のつもりだったとしても、それを聞いた人がどんなふうに感じるかという想像力がかけらもないのでしょう。

私の中では、あの弁護士は「とても感じの悪い人」として残っています。

人は、その人の話したこと、そのときに一番印象に残っていることを、記憶の中で編集して、「あの人は感じのいい人だった」「あの人は感じの悪い人だった」と覚えているのではないでしょうか？

最近ではマスコミで顔を見ることはすっかりなくなりましたが、あの弁護士は今も法曹界では活躍しているのでしょうか？

第7章

ねぎらいで話せ

会話の花を咲かせよう

大切な人と話をしていますか？

興味深いアンケートを二つご紹介します。

まずは、「いい夫婦の日」に関するアンケートです（明治安田生命保険相互会社　2017年10月実施）。

「平日の夫婦の会話は何分？」という質問に対し、「30分～1時間未満」と答えた人が29・2％で最も高く、次いで「30分未満」が23・5％。「会話はない」と答えた人もいて、平日の夫婦の会話が1時間未満という家庭が約6割もあることが判明しました。

自分たちの夫婦のことを円満であると思っている夫婦と、円満でないと思っている夫婦では、1日の会話の時間に3倍の差があるという結果も出ています。

もう一つは、「母の日」に関するアンケートです（インターネット調査会社「マクロミル」2018年3月実施）。

「母の日に母親にしたいことは何ですか？」という質問に対し、「プレゼントを贈りたい」が最多の62％で、「花やお菓子・スイーツを贈りたい」「食事会をしたい」など、母の日に何かしようと考えている人の平均予算は6242円でした。

ところが、子どものいる女性に、「母の日にしてもらいたいこと」を聞いたところ、「感謝の気持ちを伝えてほしい」が31％で最も多く、「プレゼントを贈ってほしい」と答えた人は16％しかいませんでした。

母親は、花よりも、お菓子よりも、食事会よりも、子どもと会話がしたいのです。「ありがとう」という言葉が欲しいのです。

ちなみに、先ほど紹介した「いい夫婦の日」アンケートでも、配偶者から言われたい一言は「ありがとう」がダントツでした。

昔から日本人は「一を聞いて十を知る」など、言葉に出さなくても察することをよしとしてきました。いわゆる「言わなくても分かるでしょ」というやつです。

しかしどうでしょう？

本当にあなたは、大切な人が考えていることを分かっていますか？

あなたの大切な人は、今のあなたの状況を理解してくれているでしょうか？

会話の畑をあまりほったらかしにしておくと、どんどん荒れ果てて会話の花は咲かなくなってしまいます。

さぁ、家族や大切な人との会話を、もっと増やしてみましょう。

では、まずどこから始めればよいのでしょうか？

「おいしい！」と言ってもらいたい妻

それを考える上で、ちょっとこんな話をさせてください。

主婦のための生活情報番組を30年以上続けてきた私が、常々ひしひしと感じるのは、世の主婦たちがどんなにか、夫に、子どもに、家族に「おいしい！」と言ってもらいたがっていることか、ということです。

私が担当していた生活情報番組にも、「うちの主人、なかなか『おいしい』と言ってくれないので、主人が喜ぶハンバーグの作り方、教えてください」とか、「子どもが『おいしかった！』と言って、残さず食べてくれるお弁当の作り方が知りたい！」というような要望がよく寄せられました。

また、番組では、そのような主婦にプロの料理人が料理を教え、それを自宅で作って、ご主人が食べる様子を撮影させてもらうこともありました。

料理を作った奥さまは、ご主人が食べるのをそれこそ固唾をのんで見守り、ご主人が「おいしい」と言ってくれた瞬間、皆さんそれはそれはうれしそうな表情をなさいます。中には涙ぐんでしまう人もいるくらいです。

そもそも私は、日本の主婦ほど料理が上手な主婦は、世界中探してもいないと思っています。まさに世界一です。

だって考えてもみてください。

「私は料理があまり得意ではないの」という人でさえ、カレーだ、スパゲティだ、肉じゃがだ、餃子にチゲ鍋にハンバーグと、世界中の料理を作っているではありませんか！

私は『世界ふしぎ発見！』などで外国の主婦たちも取材しましたが、イタリアの主婦は、トマトソースは作っても麻婆豆腐は作らないし、インドの主婦も、カレーは作っても天ぷらはあげません。


こんなにも日本の主婦は優秀で、努力もしているのに、世のご亭主族は、そして生意気盛りの子どもたちは、どうやらなかなか「おいしい」と言ってくれていない。

あんまりじゃないですか……！


そこで私は、自分がパーソナリティーを務めていたラジオ番組で、リスナーのドライバーや営業の外回りなどの男性陣に向かい、

「奥さまや母親に対して『料理を作ってくれてありがとう』と言いにくいなら、せめて『お

いしい!』と言うぐらいできないでしょうか?

それが料理を作ってくれた人への最低限のマナーです」

と、言ったのです。

すると、これがものすごい反響を呼びました。

そして、要約すると大きく三つの意見に分かれたのです。

まず一つめは、

「確かに、その通り。これからは積極的に言います」とか、「すでに、いつも言っております」とかいう肯定派の意見です。

ま、これはよしとして……。

さて、問題なのは二つめ、これは皆さん予想がつくのではないでしょうか?

「そうは言っても、うちのカミさんの料理、実際にあまりおいしくないんだもの……」

とか、

「うちの母親は料理が苦手なので、うまくないものに『おいしい』とは言いにくい」という意見。

ムムムム……。

そして私自身が、目からうろこが落ちた思いがした三つめの意見。

皆さん何だと思いますか？　それは、

「庄司さんは、料理を作ってくれたカミさんに感謝の気持ちを込めて『おいしい』って言うのは、マナーだって言うけれど、オレだってカミさんから感謝の言葉、言ってもらってないよ」とか、

「自分だって親から認めてもらってないもん」という意見でした。

妻の料理の腕を上げて得をする一言

では、これらの問題を解決していきましょう。

まず二つめの「実際に料理がおいしくないから問題」から……。

その、〝大切な人が作ってくれた料理がおいしくない〟ということこそ、まさにコミュニケーション不足の表れなのです。

どういうことか検証してみましょう。

ここでは仮に、「妻の料理がおいしくない」と悩む夫を、例にして考えていきますね。

そのような人たちは、食事のときどうなさっているのでしょうか？

妻が作る料理がおいしくないからといって、正直に「まずい」とか「おいしくない」と言って食べているのでしょうか？

いやいやまさか実際に「まずい」「おいしくない」とつぶやきながら食事をしていたら、まず間違いなく、1カ月もしないうちに料理を作ってもらえない状況になるであろうと思われるので、きっとその人たちは「まずい」とも、ましてや「おいしい」とも言わず、黙々と召し上がっているのでしょう。

もしかしたら新聞を読みながら、テレビを見ながら、夫婦の会話もなく、あったとしても心ここにあらずの、通り一遍の会話にしかならないのでしょう。

そもそも、その妻は意図的においしくない料理を作ろうと思っているのでしょうか？そんなはずはありませんよね。

きっとその妻はなんとかおいしい料理を作ろうと努力し、自分ではそんなにまずい料理を作っているという自覚がないのでしょう。

つまり、ここで何が起きているかと言えば、

「妻が、まずまずおいしいと思っている料理が、実は夫の好みには合っていない」

「そして、そのことに妻は気がついていない」

ということです。

これはまさしく、夫婦間のコミュニケーションが足りていない表れです。

この状態を放置しておけば、夫はいつまでも、「うちのカミさんの料理はまずい」とため息をつき、妻は妻で「うちのダンナは何を食べても、『おいしい』でもなきゃ『まずい』でもなく、作り甲斐がないったらありゃしない……。もういいや、出来合いの総菜でも並べておこう」となり、ますます寂しい食卓、会話のない夫婦になるのは目に見えています。

これを打破するのが、実は「おいしい！」の一言なのです。

「実際に料理がおいしくないから『おいしい』とは言わない」

ではなく、まずはとにかく「おいしい」と言ってみるのです。

例えば、こんなふうに……。

夫「この肉じゃがおいしいね！」
妻「あら、そう？　今日テレビで作り方やってたの」
夫「うん、いつもより味がしみてるね、これでもうちょっと味が濃かったら最高だな！」
妻「あら！　なら、今度はもう少し味付け濃くするね！」

このときの心の動きを見てみましょう。


夫「この肉じゃがおいしいね！」⇓　あぁ、いつものように味が薄いが、まずは「おいしい」の一言を無理やり言ってみよう。

妻「あら、そう？　今日テレビで作り方やってたの」⇓　おや？　いつもは何を食べても無反応な夫が「おいしい」って言ってくれた。うれしい！　やっぱりテレビでやっていたあの作り方、真似してみてよかった！

夫「うん、いつもより味がしみてるね、これでもうちょっと味が濃かったら最高だな！」⇓　じゃがいもの煮え方は、いつもよりはましだけれど、なんたって味が薄いんだよ。

妻「あら！　なら、今度はもう少し味付け濃くするね！」⇓　そっか、私は関西育ちだからこれでちょうどいいと思ったけど、この人は東京の下町育ちだからこれでもまだ薄いんだ、だったらもう少し砂糖と醤油の量を増やしてみるかな？　だってもっと「おいしい」って言ってもらいたいもん。

と、こんな具合です。

つまり、この場合の「おいしい」とは、料理を作ってくれた相手に対してのお礼の言葉であり、それを言うことで相手の労をねぎらう言葉なのです。そして、さらにやる気を引き出してから、さりげなく「こうしたらもっとおいしいよ」と伝えれば、相手はもっと「おいしい」と言われたいわけですから、ますますあなたの好みに合わせた料理を作ろうとがんばってくれることでしょう。

たった一言で、相手もうれしくなり、あなたもますますおいしいものが食べられるようになる。こんなにいいことはないじゃないですか？

まずは「おいしい」から始めてみませんか？

自分もまわりも幸せにする一言

さて、続いては三つめの「オレだって感謝されてないから問題」の解決方法です。

人間は本来「感謝されたい、褒められたい」生き物です。

ところが、お互い「感謝されたい、褒められたい」とばかり思っていて、実は相手に対して「感謝していない、褒めていない」のです。

そして、お互いが寂しい思いを抱えている。

こんなつまらないことはありません。

まずは、相手に感謝の気持ちを伝え、褒めるところから始めてみませんか？

しかし、「相手のどこをどう褒めればいいの？」という人がいらっしゃるかもしれません。

確かにアメリカのホームドラマじゃあるまいし、「今日もきれいだよ」とか「あなたってセクシーね」などと言うことは、私たち日本人の日常においては、よっぽどの夫婦、家族でない限り、皆無でしょう……。

またアンケートにあった〝ありがとう〟という言葉も、例えば「ちょっと、それ取って、あ、ありがとう」というような反射的な「ありがとう」は言いやすいですが、「お仕事がんばってくれてありがとう」とか「いつも掃除をしてくれてありがとう」などとは、母の日父の日の小学生の作文ならともかく、日常的にはあまり言葉にしやすいものではありません。しかし、

「相手を褒める・認める・ねぎらう・感謝の気持ちを伝える言葉」

は、実はたくさんあるのです。

「お疲れさま」「ご苦労さま」「大変だったね」「大丈夫だった?」「よくやったね」「すごいね」「がんばったね」などなど……ちょっと考えただけでたくさんあります。

これらを私は**「ねぎらいワード」**と呼んでいます。

例えば、家族が仕事から帰ってきたときに「お帰りなさい」ぐらいは言うでしょう。そのときに、この「ねぎらいワード」を一言足してみましょう。

「お帰り、雨の中、買い物までしてきて〝**大変だったね**〟」

「お帰りなさい、遅くまで〝**ご苦労さま**〟」

そうしたら、相手も、

「うん、でもね、今日〝雨の日特売〟やってたから、ちょっと奮発して、すき焼きにすることにしたのよ」とか、

「なんだか部下がミスしちゃったもんだから、取引先の機嫌取るのに苦労したよ」などと、いつもより会話が広がるでしょう。

この「ねぎらいワード」に加えて、お互いを認め合い、感謝を伝えるために、もっと皆さんが使えばいいのにと私が思うのは、自分の喜びの感情を素直に表す言葉「**ハッピーワード**」です。

例えば、先述の**「おいしい！」**に加えて**「楽しい！」「幸せ！」「うれしい！」「ウキウキする」「ワクワクする」「助かる」**といった言葉です。

これらの「ハッピーワード」を積極的に使うことで照れずに相手を褒め、感謝の気持ちを伝えることができます。

夫に家事を手伝わせて得をする一言

それでは、夫婦のある会話を見てみましょう。

夫　「今度のゴールデンウイーク、家族でどこか行こうか？」

妻　「え〜、でもどこ行っても混んでるんじゃない？」

夫「そうだな〜、なら近場でバーベキューでもするか？」
妻「そ〜ね〜、子どもたちもどこか連れてけってうるさいだろうし……」
夫「じゃ、どこかバーベキューできる場所を調べておくよ」
妻「よろしくね！」

ここに、ハッピーワードを入れてみます。

夫「今度のゴールデンウイーク、家族でどこか行こうか？」
妻「**え〜うれしい！**　でもどこ行っても混んでるんじゃない？」
夫「そうだな〜、なら近場でバーベキューでもするか？」
妻「それ、**楽しいわね！**　子どもたちもどこか連れてけってうるさいだろうし……」
夫「じゃ、どこかバーベキューできる場所を調べておくよ」
妻「**うわ〜ワクワクするな**……、よろしくね！」

どうでしょう？　この方が、この夫君は、はりきってバーベキューの準備をするのではないでしょうか?

ついでに、妻が「この間、あなたが準備してくれたあのニンニクに付け込んだお肉すごく**おいしかったわ~**、やっぱりバーベキューは男の人が料理した方が**上手よね!**」などと付け加えれば、このご主人は、調理も、それどころか買い物までしてくれるかもしれません。

そして帰り道でも、

「今日のバーベキュー、**おいしかったね!** 行くまでの道は混んでたけど、やっぱり家族でワイワイやるのは**楽しいね!**」

「あなたが準備してくれたんで**助かったわ~**。子どもたちも喜んでたし、いい休日だったね、また行こうね」

といった具合に「楽しかった」という感情を積極的に伝えた方が、相手も、

「準備は大変だったけど、カミさんがこんなに喜んでいるんだから行ってよかったな」

と思うことでしょう。

このように、**「相手を褒める・認める・ねぎらう・感謝の気持ちを伝える言葉」**で、

気持ちを伝えれば、相手もうれしくなります。

そして言葉に出すことで、あなた自身も楽しくなります。

ウソだと思ったあなた、ぜひ試してみてください。

部下のやる気を引き出す一言

そしてこれは、なにも夫婦間・家族間だけではありません。

職場でだって、これらの言葉を使うことで、雰囲気がよくなったり、報われたり、部下のやる気を引き出すことができます。

例えば、こんな具合です。

上司「取引先に出すイベントの企画書、もういちど書き直して」
部下「え？　またですか？　これで書き直すの3回目ですよ」
上司「イベントの内容についてはこれでいいけど、提案書としてはまだ少し足りないところがあるから」
部下「今度は、どこを直せばいいですか？」
上司「このイベントによって、商品の認知度が上がるというメリットを、もう少し重点的に強調して」
部下「……分かりました」

⇩

上司「取引先に出すイベントの企画書、もういちど書き直して」
部下「え？　またですか？　これで書き直すの3回目ですよ」
上司「イベントの内容については**よくなったよ。すごいよ。**これにもう少し加えたら、提案書としては**もっといいものになるよ**」

部下「今度はどこを、直せばいいですか？」
上司「**ご苦労だけど、**このイベントによって、商品の認知度が上がるというメリットを、もう少し重点的に強調してくれたら**助かるよ**」
部下「分かりました！」

これを読んで、「なんでこんなふうにいちいち女房や部下に気を使わなきゃならないんだ、バカバカしい！」と、腹立たしい気持ちを抱える方もいらっしゃるでしょう。
だけど、ほんの一言二言で、相手のやる気が上がったり、その場の空気が劇的によくなることもあるのです。

大切なのは、言葉の「出し惜しみをしない」ということです。

言葉はタダです！

積極的にこれらの**「ねぎらいワード」「ハッピーワード」**をぜひ使ってみてください。

ねぎらいワード

「ありがとう」「お疲れさま」「ご苦労さま」

「大変だったね」「大丈夫だった？」「よくやったね」

「すごいね」「がんばったね」

ハッピーワード

「おいしい！」「楽しい！」「幸せだ！」「うれしい！」

「ウキウキする」「ワクワクする」「助かる」「素敵」

「すばらしい」「最高だ」「安心する」

男女の「考え方」「感じ方」には違いがある

ただし、ここで一つ注意しなくてはならないことがあります。
それは男女間の「考え方」や「感じ方」の違いについてです。
どんな違いがあるのか、それを説明するのに一番分かりやすいのは、「夫婦げんかがあ
る」です。
例えば、こんな経験ないでしょうか？
妻が一生懸命話しているのに、夫がそれを遮って、
「で、一体結論は何なんだ？ お前の話はまどろっこしくて何が言いたいのかさっぱり
分からない、結論から言え、結論から！」

と、言ってしまうようなこと……。
するとたいていの妻はムッとして
「もういいわよっ！　あなたなんかに話さない！」
と、夫婦の会話は決裂します。

そして、もう一つのパターンです。

妻が夫に、こんなことを話したとします。

「もうＰＴＡのバザーの準備、大変なのよ〜、役員の田中さんはサボって来ないし、会長の中村さんは号令ばかりで自分で動かないものだから、全部私がやらなきゃいけなくって、もうクタクタよ〜」

さあ、夫はどんなふうに答えるでしょう？

男性陣にありがちなのは、

「田中さんにサボらないで来るように言えばいいじゃないか」とか、

「何もそんなに大変な思いをしてまで、君ひとりでやることはないだろう。会長に言って、もっと人手を増やしてもらえよ」というような受け答えです。

ところが、そう言うとほとんどの妻は、

「それができないから大変なんじゃないっ！　あ〜あなたは全然分かってない！　もういいいっ！」

と、また決裂です。

夫にしてみれば、よかれと思って言ったのに、逆切れされて納得できない思いでしょう。

このほか、「女はすぐに感情的になる。話しているうちに涙交じりになり、あげくに『あのとき、あなたはこう言った！』などと、昔のことまで持ち出して怒り出したりする」と嘆く男性もいらっしゃるでしょう。

一般的に男女の言語能力には、次のような傾向があるといわれています。

女　性

＊物事を順序立てて話す
＊結論より、プロセスが大切
＊共感によって癒やしを得る

男　性

＊物事を客観的に見て論理的に考える
＊結論が大切
＊問題解決を優先

女性は話すときに、順序立てて話したがる傾向にあり、結論に至るまでのプロセスや感情の動きが大切なのです。

そのときどんなことが起きて、自分がどう思ったかを話したいのです。

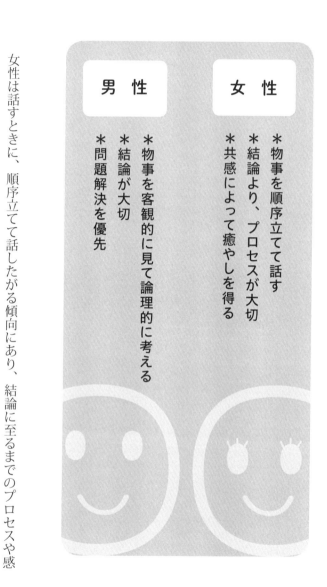

そもそも〝結論なんかない話〟も多いのです。

ところが男性は、問題解決を優先しがちなので、ほとんどの人が結論を早く聞きたくてじれてしまい、

「お前の話は何をいいたいのか分からない」

「つまり言いたいことはなんだ、結論から話せ！　結論からっ！」

と、なりがちなのです。

また、二つめの夫婦げんかのパターンも、男性は物事を客観的に見て論理的に思考する傾向にあるので、すぐに解決策を探そうとします。

しかし女性は、何も解決策を聞きたいわけではないのです。

では、何を求めているのか？

ズバリ、**共感してもらいたい**のです。

「それは大変だね～、仕事しない人がいるとホント困るんだよね～、分かる、分かる、お疲れさま」と言ってもらえば、満足なはずなのです。

「理想の上司」と「パワハラ上司」の分かれ道

もちろん、個人差があり、男性でも女性のような思考の人、女性でも男性のように論理的な人はいるでしょう。しかし、このような傾向があることを知っておけば、ムダな夫婦げんかを避けることができます。

また職場においても、コミュニケーションを良好に取るヒントの一つとなるのではないでしょうか？

例えば、

女性部下　「妊娠したもので……」

男性上司　「ほう、で、産休はいつから取るの？」

この会話について、皆さんはどう思われるでしょう？

男性からは至極普通の会話に見えるかもしれません。男性にしてみれば問題解決を優先しがちなので、

「部下が妊娠した」→「産休を取る」→「その間、彼女の仕事を誰に振り分けようか？」

→「早めに手配しなくては」

と論理的に思考が働いて

「産休はいつから？」と聞いただけなのです。

ですが、女性にしてみれば、

「『おめでとう』とか『よかったね』の言葉一つもなしに、いきなり『産休はいつから取るの？』とはなんといやみったらしい、マタハラだ！」

などと、なりかねません。

このようなとき、男性上司が言葉を出し惜しみせずに、

「おめでとう、それはよかったね、それで産休はいつから取るの？」

と、たった一言二言、付け加えるだけで、この上司の印象はグンとアップします。

また、例えば女性部下が、仕事先での出来事について報告してきたとします。

「こういうトラブルが生じたが、自分がこのように対処して何とか大ごとにならずに解決した」というようなことを、順序立てて話しているのに、むやみに遮って、

「で、結論はどうなったんだ？　え？　解決した？　ならいいじゃないか」

などと話を終わらせると、女性部下にしてみれば、

「あの上司は人の話を最後まで聞かない、人の気持ちが分からない、相談できる人ではない」となるでしょう。


ですから、そこは結論から聞きたいのをぐっとこらえて、じっくり話を聞き、

「なるほど、それは大変だったね。でも君のおかげで、大ごとにならずに済んでよかったよ。ご苦労さま」

などと、ねぎらいの言葉をかければ、その女性社員はどれだけ苦労が報われた気持ちになることでしょう。

その上で、アドバイスなり、善後策なりを助言してあげればいいのです。

部下のやる気をなくさせるのも、逆にやる気を引き出し、能力を伸ばすのも、上司の言葉の使い方次第なのです。

もちろん、ビジネスの世界においては「結論から話す」ことが大切です。ですから女性には、上司に報告するときや、仕事相手と交渉するときなどは、「結論から話す」という心構えを持つようにお勧めします。

おわりに——大切な人ともっと話そう

お正月に見た光景です。

電車を待つ駅のベンチに30歳代と思われる夫婦と幼稚園児くらいの男の子がいました。初詣なのか初売りに出かけるのか、男の子は興奮していて、母親に一生懸命話しかけています。

「あのね～、ぼくがね……〇〇しちゃったんだよぉ、それでね～……」

男の子は、母親の膝をゆすりながら懸命に話しているのに、その母親は子どもの話にうなずきもしなければ、目も合わせません。

何をやっているかといえば、無表情でスマホを操作しているのです。

そして隣にいる父親も、自分の幼い息子と妻の顔は一切見ず、ただただ手元のスマホを凝視しています。

確かに、幼い子どものとりとめのない話につきあうのは、おっくうなこともあるでしょう。でも今日はお正月休みで、家族一緒に出かけようとしているのです。子どもの話を無視してまでチェックしなくてはならないメールやニュースや情報があるのでしょうか？

カフェやレストランでは、向かい合った恋人らしき人たちが会話するでもなく、それぞれスマホばかりをいじっているのを見かけます。

目の前にいる相手とは話をしないのに、そのくせSNSに料理の写真をアップして「いいね！」とフォローされることで「自分は何百人の人とつながっている」などと安心する現代人。

でも私は思うのです。

「どうして目の前の人と会話を楽しまないのだろう？」

「どうして目の前の人とコミュニケーションを取ろうとしないのだろう？」と。

大切な人ともっと話をしましょうよ。

メールではなく、表情を見ながら、声を聞きながら、相手が何を考えているのかを知り、いろんなことを話して、表情に表して、自分の気持ちを伝えるのです。

話し方を変えると、世界が広がります。

最後になりましたが、この本を出すにあたりお力添えをいただきました時事通信出版局の松永努さん、舟川修一さん、きっかけを作ってくださった時事通信社の小林伸年さん、内外情勢調査会の坂上幸一さんに、心よりお礼を申し上げます。

そして、最後まで読んでくださったあなたへ、

本当にありがとうございました。

令和元年5月

庄司 麻由里

【著者紹介】

庄司 麻由里（しょうじ・まゆり）

1961年、東京都生まれ。女優を経て、現在フリーアナウンサー。TBS「朝のホットライン」リポーター、テレビ東京「タウン情報」司会、NHK「暮らしの経済」リポーター、NHK「産業情報」キャスター、TBS「世界ふしぎ発見」ミステリーハンター、FM Nack 5「ビューティフル・フライデー・ハナキン」パーソナリティーなど、テレビ・ラジオを中心に活躍。TBS「はなまるマーケット」では、1996年番組開始当初から2014年3月最終回まで17年半、「はなまるアナ」を務める。

2014年『「気まずい」が100%なくなる話し方』（大和書房）の出版をきっかけに、全国の自治体・団体・企業で「会話術」「コミュニケーション術」「プレゼン術」についての講演や研修を務める。そのほかの著書にエッセイ『体当たりリポーター庄司麻由里のへのカッパ』（グラフ社）がある。

顔《かお》で話《はな》せ！ 相《あい》づちで話《はな》せ！ 質問《しつもん》で話《はな》せ！
――こじらせない対人関係術《たいじんかんけいじゅつ》

2019年6月25日　初版発行

著　者：庄司 麻由里
発行者：松永　努
発行所：株式会社時事通信出版局
発　売：株式会社時事通信社
〒104-8178　東京都中央区銀座5-15-8
電話 03(5565)2155　https://bookpub.jiji.com/

印刷／製本　株式会社太平印刷社

ISBN978-4-7887-1620-9　C0095　Printed in Japan

こんなの理不尽――怒る上司のトリセツ

宮本　剛志　著

◆四六判　二〇〇頁　一六〇〇円（税別）

喜怒哀楽の感情は、本来、自分の中から湧き起こるものです。それなのに、なぜ、あなたの「哀」が他人の「怒」によって生まれ、それに支配されなければならないのでしょうか？　他人が原因で生まれる「怒り」にあなたが悩み、苦しむ必要はありません。それが、私が本書で伝えたいことです。

マーケティング部へようこそ！――3Cも4Pも知らない新入部員が3週間で身につけた最新市場戦略

五味　一成　著

◆四六判　二八八頁　一五〇〇円（税別）

舞台は、とある総合電機メーカー。監視カメラで業界をリードする事業部は、ライバル社の攻勢にさらされ、浮足立っていた。そんな中、営業部からマーケティング部に異動してきたばかりの主人公は……。定番の基本ツールから最新デジタル・マーケティングまで――ストーリー仕立てだから、難しい専門用語もラクラク理解できる！

銀座の流儀――「クラブ稲葉」ママの心得帖

白坂　亜紀　著

◆四六判　二〇二頁　一三〇〇円（税別）

早稲田大学在学中に女子大生ママとなり、銀座に4店舗を経営する銀座カリスマ・ママがすべてを打ち明ける！情報収集、業務提携、人材探し、顧客紹介……、銀座のクラブは「第二秘書室」だ。